シリーズ「遺跡を学ぶ」160

# 東京に眠る巨大貝塚の謎

## 中里貝塚

安武由利子

新泉社

# 東京に眠る巨大貝塚の謎
## ──中里貝塚──

安武由利子

【目次】

# 第1章　姿をあらわした巨大貝塚

## 1　厚さ四・五メートルの貝層

一九九六年七月二四日、真夏の太陽が照りつける炎天下、重機で表土を掘削し、地表面から七〇センチも掘り下げると、あたり一面に真っ白な貝層が姿をあらわした。

この貝層はどのくらいの厚みがあるのだろう。露出した貝層に断面観察用のトレンチを設定し、さらに掘削を進めた。このあたりは地下水位が高く、貝層上面から一・五メートルほどの深さで水が湧きはじめた。調査方針でトレンチの深度は水が湧く深さまでとしていたが、貝の堆積はまだ下までつづいているのは明らかだった。

「この貝層はどれくらい堆積しているのですかね。底をみたいですね」

見学に来ていた研究者がこう語った。それならば底まで掘ってみるかと、調査を担当した北区教育委員会の中島広顕は決断したという。

**図１ ● 予想をはるかに超える厚さの貝層**（Ａ地点第１区・杭確認調査区）
壁面に白くみえるものはすべて貝殻。調査担当者の執念が巨大貝塚の発見へとつながった。

二メートル近くまで掘り下げていたトレンチをさらに掘削すると、最終的に貝層上面から四・五メートルの深さで硬い岩盤にあたった。貝層上面からの深さはまさしく貝殻が堆積した厚さだ。四・五メートルもの厚みを有する貝層は、ほかに例をみたことがない（図1）。

湮滅《いんめつ》したとさえ思われていた中里《なかざと》貝塚再発見の瞬間である。

「真夏の日差しを浴びた眩《まばゆ》い真白のマウンド状の貝塚は壮観で、これが明治時代から巨大貝塚として知られた中里貝塚なのかと、照り返しの暑さのなか身震いのする思いだった」と、中島は後に当時をこうふり返る。

## 2　貝塚のイメージをくつがえす

### 生活を感じない貝塚

中里貝塚の貝層の驚きはその厚さだけではない。

貝塚とは「縄文人のゴミ捨て場」と習った人も多いだろう。一般的に貝塚からは、たくさんの貝殻とともに、動物や魚の骨、バラバラに割れた縄文土器、石器、ていねいに埋葬された人骨など、じつにさまざまな遺物がみつかる。貝塚は太古の情報の宝庫といわれるゆえんだ。それらのさまざまな出土遺物から、縄文人がどんなものを食べ、どのような道具を使っていたのか、その生活環境、往時の暮らしぶりがわかってくる。

しかし、中里貝塚はちがったのだ。白さが際立つ貝層はどこをみてもマガキとハマグリの貝

**図２ ● 北区飛鳥山博物館に展示されている中里貝塚の貝層剝ぎ取り標本**
剝ぎ取り標本の高さは4.5m。マガキとハマグリの貝殻ばかりの貝層は、「貧乏貝塚」ともよばれた。左下：マガキ、右下：ハマグリ。

殻ばかりで、そのほかの貝殻や獣骨などの食物の残りかすはおろか、土器片すらみあたらない（**図2**）。遺跡の実態解明につながる遺物を含まない。生活のにおいがしない貝塚なのである。

## 崖線直下に広がる東京低地

中里貝塚は、東京都北区の上中里《かみなかざと》二丁目にある。北区はその名のとおり東京二三区の北部にあり、南北に細長い形をしている（**図3**）。中里貝塚はこの北区の南東部、武蔵野台地の東の端の崖線《がいせん》下、標高五メートル前後の微高地にある。西には一〇メートル以上の高い断崖を擁する武蔵野台地、東には東京低地が広がっている。

　このあたりは戦前から操業する工場や住宅が密集する地域である（**図4**）。また台地の崖下に敷設されたJR東日本の京浜東北線、新幹線車両基地と尾久《おく》操車場、宇都宮・高崎線などの線路群にはさまれたところでもあり、付近には鉄道関連施設も集積している。このような東京の住宅と工場の密集地に、なぜ貝塚があるのか？　それも四・五メートルにおよぶ分厚い貝層ができあがったのか？　次章から、発掘調査の成果をもとにその謎にせまってみよう。

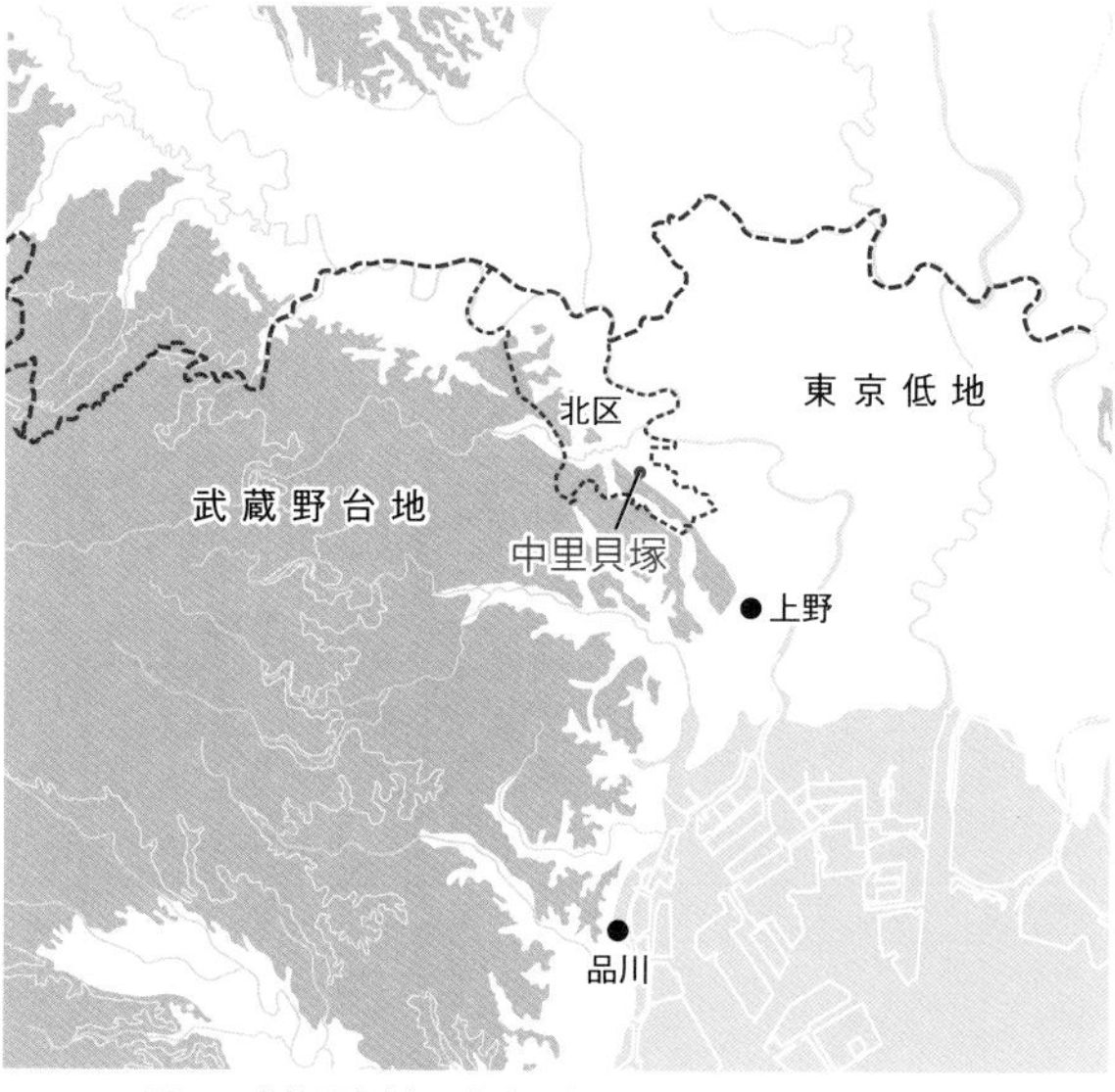


**図3 ● 武蔵野台地・東京低地と中里貝塚**
東京都北区は、都内に広く分布する西の武蔵野台地（洪積台地）から東の東京低地（沖積低地）にまたがる。中里貝塚は、その北区の南東部、崖線をかいして連続する東京低地の西端に位置する。

**図４ ● 中里貝塚と周辺地図**
中里貝塚は2000年に国史跡に指定されている。史跡指定地は、
図中赤で示した東西２カ所に分かれる。

# 第2章　かきがら山の記憶

## 1　地域のランドマーク

### 江戸近郊農村の「かきがらやま」

先の中島広顕の発言に「明治時代から巨大貝塚として知られた」とあったように、中里貝塚は古くから知られていた。

江戸時代、この地は武蔵国豊島郡の上中里村と中里村に属し、一八八三年（明治一六）七月に日本鉄道の中山道幹線が上野—熊谷間で開通するまで、田畑が広がる江戸近郊農村の風情が漂う土地であった。そのなかで、貝殻が集中するところは「かきがらやま」（漢字表記はさまざまあり）とよばれていた。

著者や編纂年代は不明だが、江戸の地誌を著した『江戸志』には、「蛎売山　道灌山の下」という項目があり、「往古は十余町が程高き山にて皆蛎から也　誠に雪の降りたるが如し　遥かに遠目にも真白に見えし也」とある。風化して白色化した貝殻が足の踏み場がないほどに地表をおおうさまは、さながら雪景色のようだったというのだ。しかもそれは「十余町」、つまり一キロ以上の広範囲にわたるもので、こんもりとした小山状を呈し、はるか遠くからみえたという。

　江戸時代前期に藤田理兵衛が著した江戸の地誌『江戸鹿子《かのこ》』にも、「新堀山」という項目に「山中に諏訪権現の宮あり、……山上より北を見くだしてかきがら山なと見ゆ」と記されてい

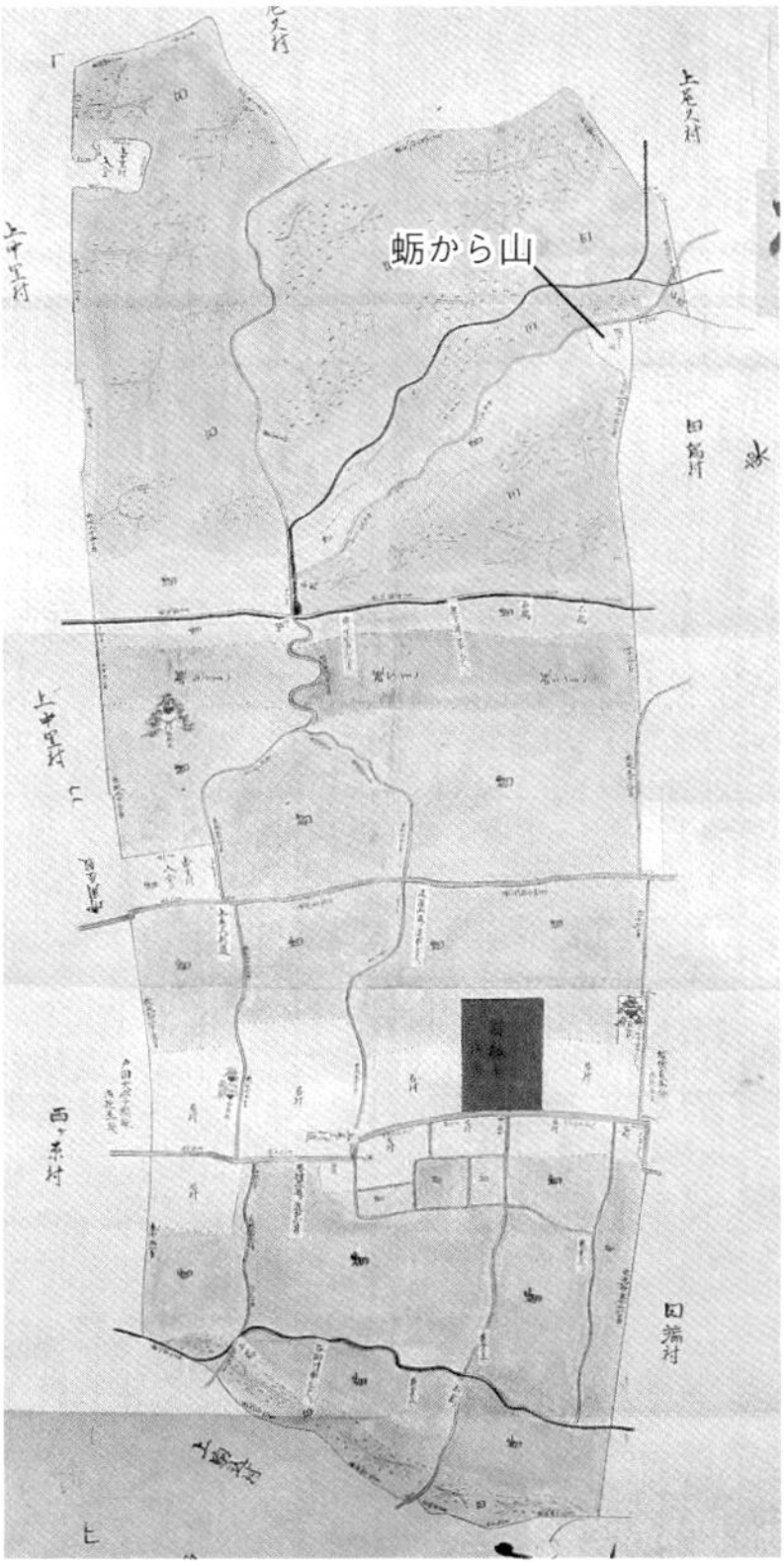

武州豊島郡中里村絵図面（部分）

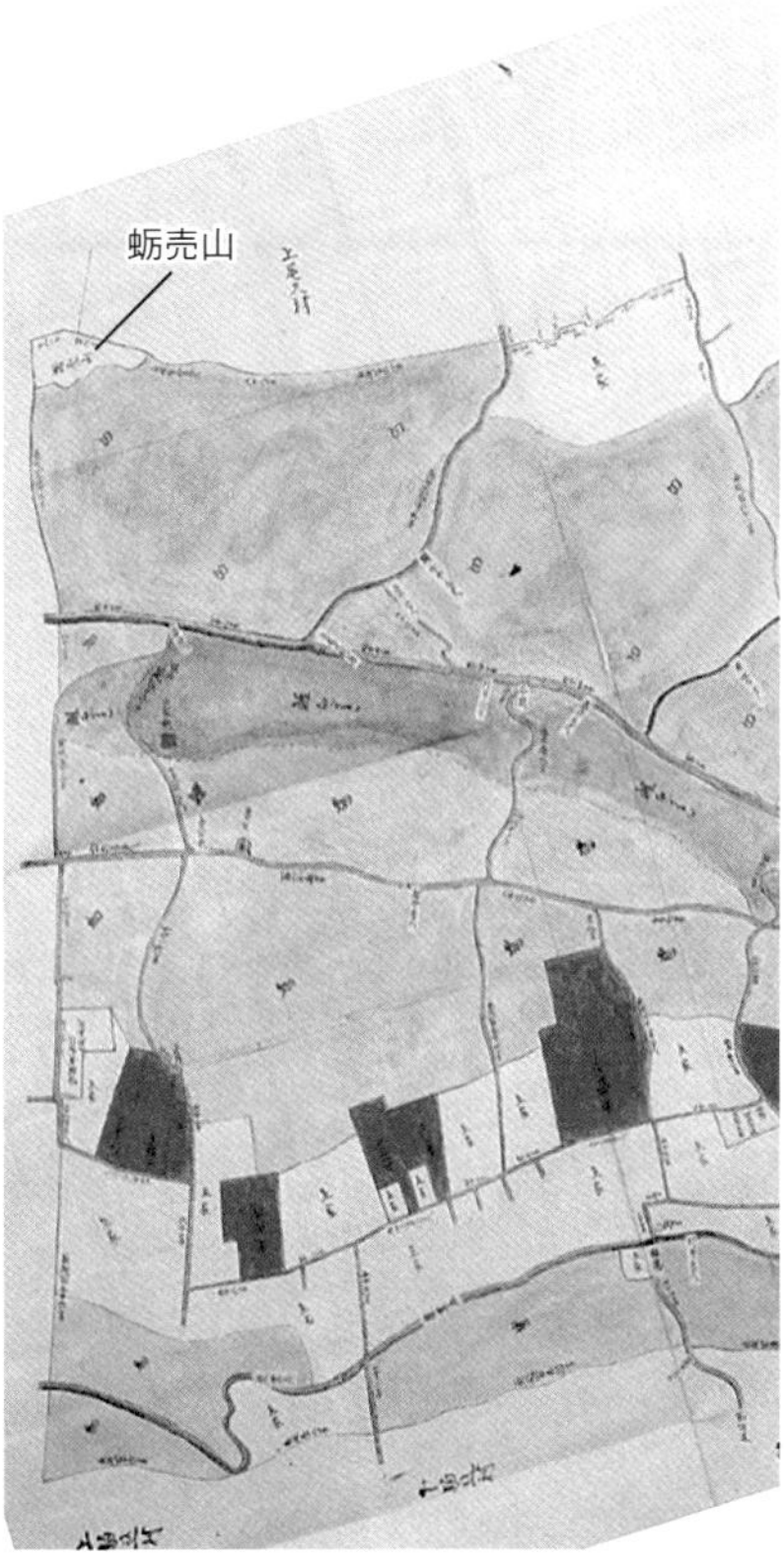

武州豊島郡田端村絵図面（部分、左へ 45 度回転）

**図 5 ● 村絵図に描かれた中里貝塚**
「かきがらやま」は限られたごく狭い範囲のみが示されている。実際には西南側にのびる畑地にも貝殻散布はおよんでいたと考えられる。

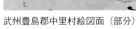

る。諏訪権現の宮のある新堀山から北に「かきがら山」がみえたという内容だが、諏訪権現の宮は現在の諏方神社（東京都荒川区）と考えられ、中里貝塚はそこから北東に二キロほど先になる。貝殻が集積した高まりがこのあたりのランドマークであったのだろう。

## 描かれた中里貝塚

江戸時代末期に描かれた村絵図「武州豊島郡中里村絵図面」と、その東つづきの「武州豊島郡田端村絵図面」に、「かきがらやま」のくわしい位置が記されている。絵図面には田畑の分布や村人の居住区域、河川、用水路、道路、寺社などが描き込まれ、当時の土地利用の様子をよ

くとらえることができるが、「中里村絵図面」と「田端村絵図面」とにまたがる位置に、それぞれ「蛎から山」「蛎売山」と描かれている。ともに白色に塗ってあり、その範囲が示されている。当時の光景が垣間みえよう（図5）。不自然に多い貝殻が、ひときわ目をひく存在であったことがわかる。

## 胡粉製造と中里貝塚

さきにふれた『江戸志』からは、貝殻を介した江戸の暮らしもうかがえる。前出の「蛎売山　道灌山の下」には「享保の初迄は此蛎からは掘て馬に負せ浅草の胡粉《ごふん》製する所へ日々日々に運びて胡粉とせしよし」とある。享保（一七一六〜一七三六

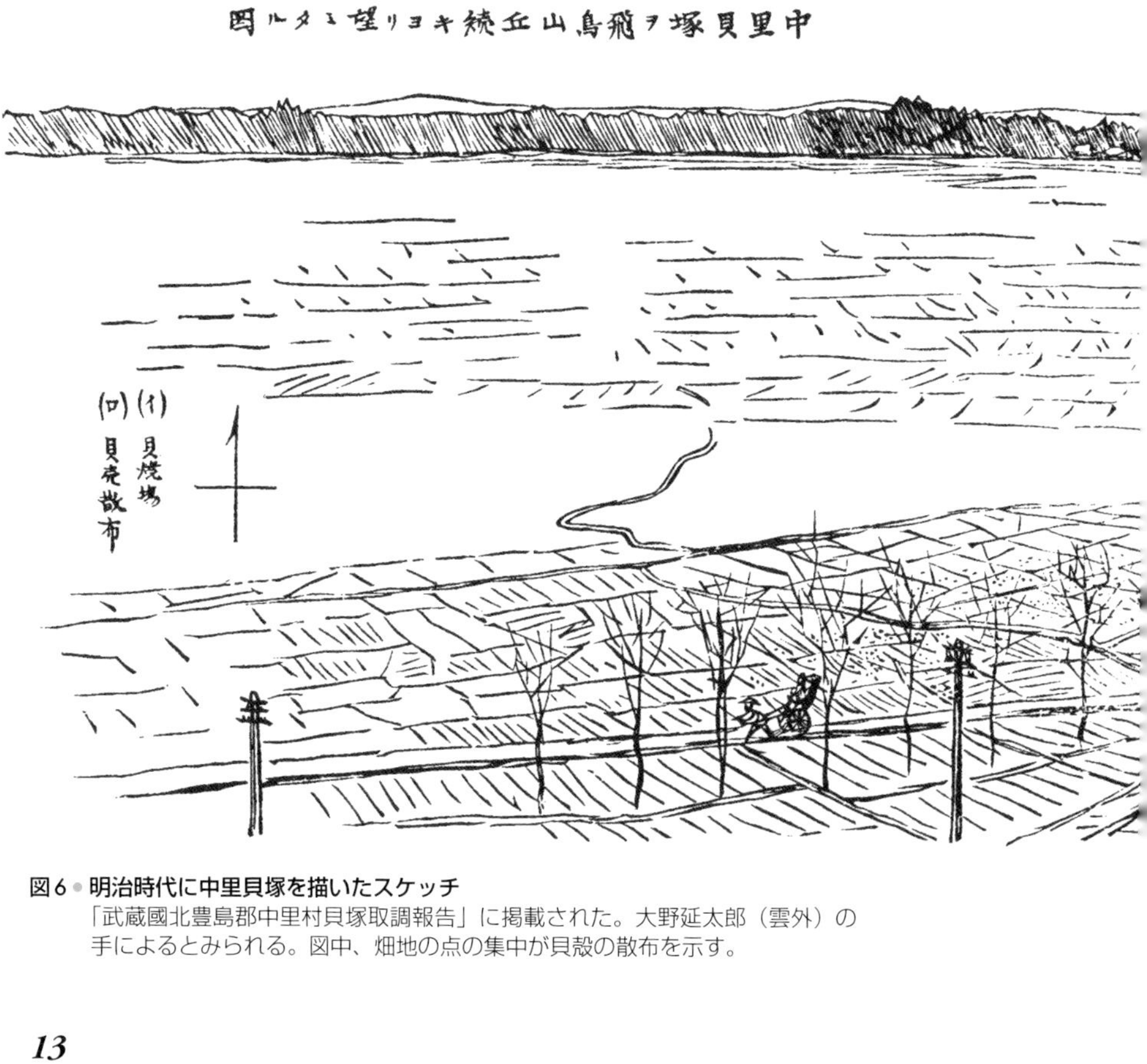


図6 ● 明治時代に中里貝塚を描いたスケッチ
「武蔵國北豊島郡中里村貝塚取調報告」に掲載された。大野延太郎（雲外）の手によるとみられる。図中、畑地の点の集中が貝殻の散布を示す。

年）のはじめごろまでは、蛎売山の貝殻は胡粉にするべく日々浅草へと運びだされていたようだ。胡粉の原料として白色度の高いものにはハマグリが用いられたが、加工のしやすさからカキも重宝されたという。

この搬出がどれほどの規模でおこなわれたのかはわからないが、「かきがらやま」の景観に甚大な影響を与えたようである。『江戸志』には、貝殻の搬出によって、かつては一キロ以上にわたって広がっていた蛎売山が「わずかに五六丁が程（およそ五〇〇〜六〇〇メートル）蛎残れり」の状態にまで小さくなってしまったと記されている。

その後、遅くとも明治時代のはじめには、貝灰（貝殻を焼いてつくった灰、漆喰の材料になる）の製造へとかたちを変え再開されたようである。一八九六年（明治二九）に描かれたスケッチ（図6）には、それでもまだ貝殻が広がっている様子と貝焼場が描き込まれている。

## 2　発掘前史

### 東京人類学会と中里貝塚

こうして江戸時代の地誌や絵図面からは往時の中里貝塚の姿や貝殻を介した人びとの営みをうかがうことができるが、なぜそこから大量の貝殻がみつかるのか、なぜそのような貝殻ばかりの塚ができたのかということにまで言及したものはない。「かきがらやま」を遺跡としてとらえ、その性格などが考察されるのは明治時代に入ってからのことである。

明治時代の中里貝塚をとりまく研究動向は、坪井正五郎《しょうごろう》を中心とする東京人類学会（当初は人類学会）の会誌に追うことができる。中里貝塚に関する報告が会発足当初よりたびたび登場するが、人類学的観察をもって、はじめて中里貝塚のことを紹介したのは白井光太郎《みつたろう》である。白井は当時、帝国大学理科大学で植物学を専攻していたが、人類学にも造詣が深かった。

## 「中里貝塚」の発見

一八八三年（明治一六）の冬、白井はこの地を訪れ、「古代陶器」の破片を十数個みつけたという。「塚上圃ヲ開キ猥リニ検スルヲ得ザリシ」というから、どうやらこれらは表面採集によって得たもののようだ。翌年には坪井正五郎とふたたび訪れ、さらにそれ以降も、植物採集のため近くを通ることがあれば、当地で表面採集をおこなったというから、かなりの執心ぶりであったことがわかる。

白井はそれらの踏査成果を、一八八六年（明治一九）、『人類学会報告』に「中里村介塚」として発表した（図7）。白

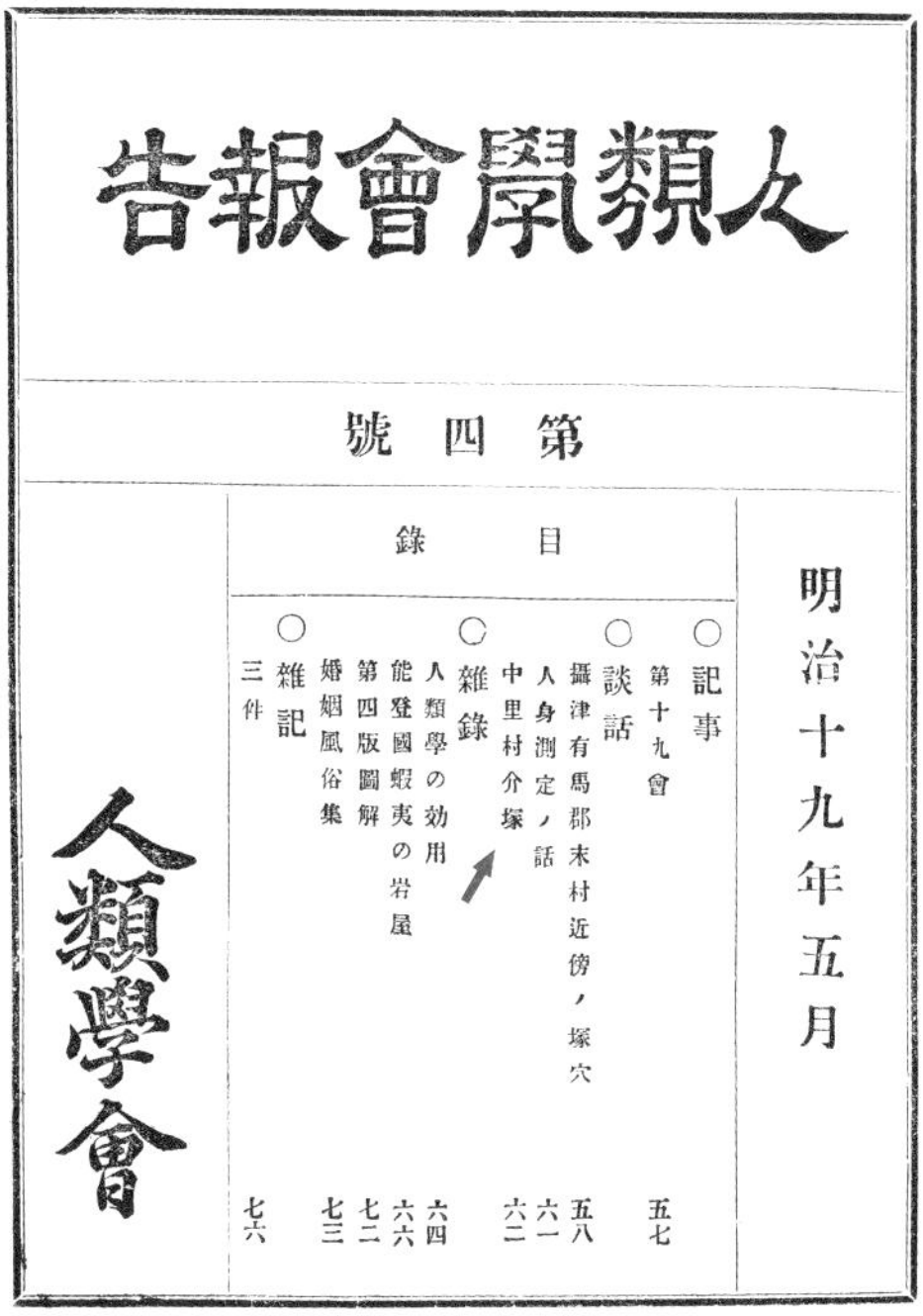
人類學會報告
第四號
目錄
○記事　第十九會　五七
○談話　攝津有馬郡末村近傍ノ塚穴　五八
人身測定ノ話　六一
中里村介塚　六二
○雜錄　人類學の効用　六四
能登國蝦夷の岩屋　六六
第四版圖解　七二
婚姻風俗集　七三
○雜記　三件　七六
明治十九年五月
人類學會

図7●『人類学会報告』第4号（1986年〔明治19〕）
「中里村介塚」（矢印）は、本学会誌刊行以降で、貝塚を遺跡単位でとらえた最初のものである。

井はこの報告ですでに、中里貝塚の類いまれな大きさとともに、低地に立地する特異性、さまざまな時代のものが混在する採集遺物の異質性を指摘している。

その考察は、現代的な見方とは合致しないところもあるが、中里貝塚の不可解な点を的確に指摘するものだった。また報告の最後で「中里村介塚ハ本邦考古学ニハ最枢要ナル一介塚ニシテ余輩人類学会員ノ最モ注意シテ探究ス可キノ一場」と指摘した点は注目される。この報告が中里貝塚研究の先鞭をつけ、本貝塚が学界の関心を集めるきっかけ、つまり「中里貝塚」発見の契機となったことは疑いない。

## 坪井正五郎と中里貝塚

白井の報告を皮切りに、中里貝塚の名は『東京人類学会報告』(のち『東京人類学会雑誌』)にたびたび登場する。当初は採集遺物の紹介が主であったが、一八九〇年代中ごろより徐々に踏み込んだ報告がみられるようになる。その流れを牽引したのが坪井正五郎である。

坪井は、一八七七年(明治一〇)に東京大学予備門へ進み、一八八六年(明治一九)に動物学科を卒業、大学院進学後に人類学を専攻した人物である。一八八九年(明治二二)から三年間のイギリス留学の後、帝国大学理科大学教授に就任し、人類学講座を担当した。

一八八四年(明治一七)に白井とともに訪れたのが、中里貝塚とのはじめての出会いとなろうか。強い興味をもって、よくよく本貝塚の研究動向を注視していたようである。貝塚に関する報告のいたるところに中里貝塚の名が登場しており、報文「小金井博士の貝塚人骨論を讀む」においては、中里貝塚が他貝塚と異なる点をつぎのようにまとめている。

位置　道灌山の如き丘の上に対し、丘麓の平地。
獣骨　夥多に対し、稀有。
貝塚土器　夥多に対し、稀有。
渦紋土器　少に対し、多。
石器　多に対し、稀有。
鉄器　無に対し、有（但し後世混じりたるものか、未詳）。

## 台地の貝塚、低地の貝塚

中里貝塚をめぐる議論が交わされるなか、一八九二年（明治二五）一二月には、近隣の西ヶ原貝塚で調査がおこなわれた。西ヶ原貝塚は、日本考古学発祥の地として知られる大森貝塚（東京都品川区）の報告書“Shell Mounds of Omori”（和文版『大森介墟古物編』）にも記された貝塚で、東京近郊の高台にあり、かつ容易に遺物の採集ができる遺跡としてもてはやされた貝塚である。その位置が、中里貝塚とともに早くから「東京近傍古跡指明図」などにプロットされていることからも、関心の高さがうかがえる（**図8**）。

西ヶ原貝塚の調査は、イギリス留学から帰国したばかりの坪井の手によって三日間にわたり実施された。数多ある貝塚のなかで、なぜ西ヶ原貝塚が選ばれたのだろうか。じつは、坪井はこの調査以前に、中里と西ヶ原の両貝塚の関係について「西ヶ原ノ貝塚ハ丘ノ上ニ在リテ中里村ノ貝塚ハ丘ノ下ニ在ルハ余程面白キ事ニテ」と述べている。

西ヶ原貝塚を選んだのは、中里貝塚の実態解明をも見通してのことだったのかもしれない。調査成果は、未完ながら七回にわたり『東京人類学会雑誌』に「西ヶ原貝塚探求報告」として発表されている。近接した西ヶ原貝塚での発掘、そしてその成果発表が相つぐなか、中里貝塚を「発掘」調査することの必要性が高まっていったことは想像に難くない。

## はじめての発掘調査

一八九四年（明治二七）、ついに中里貝塚でも発掘調査の機会が訪れる。この調査は、佐藤傳蔵と鳥居龍蔵によって進められ、その成果は「武蔵（国）北豊島郡中里村貝塚取調報告」にまとめられて

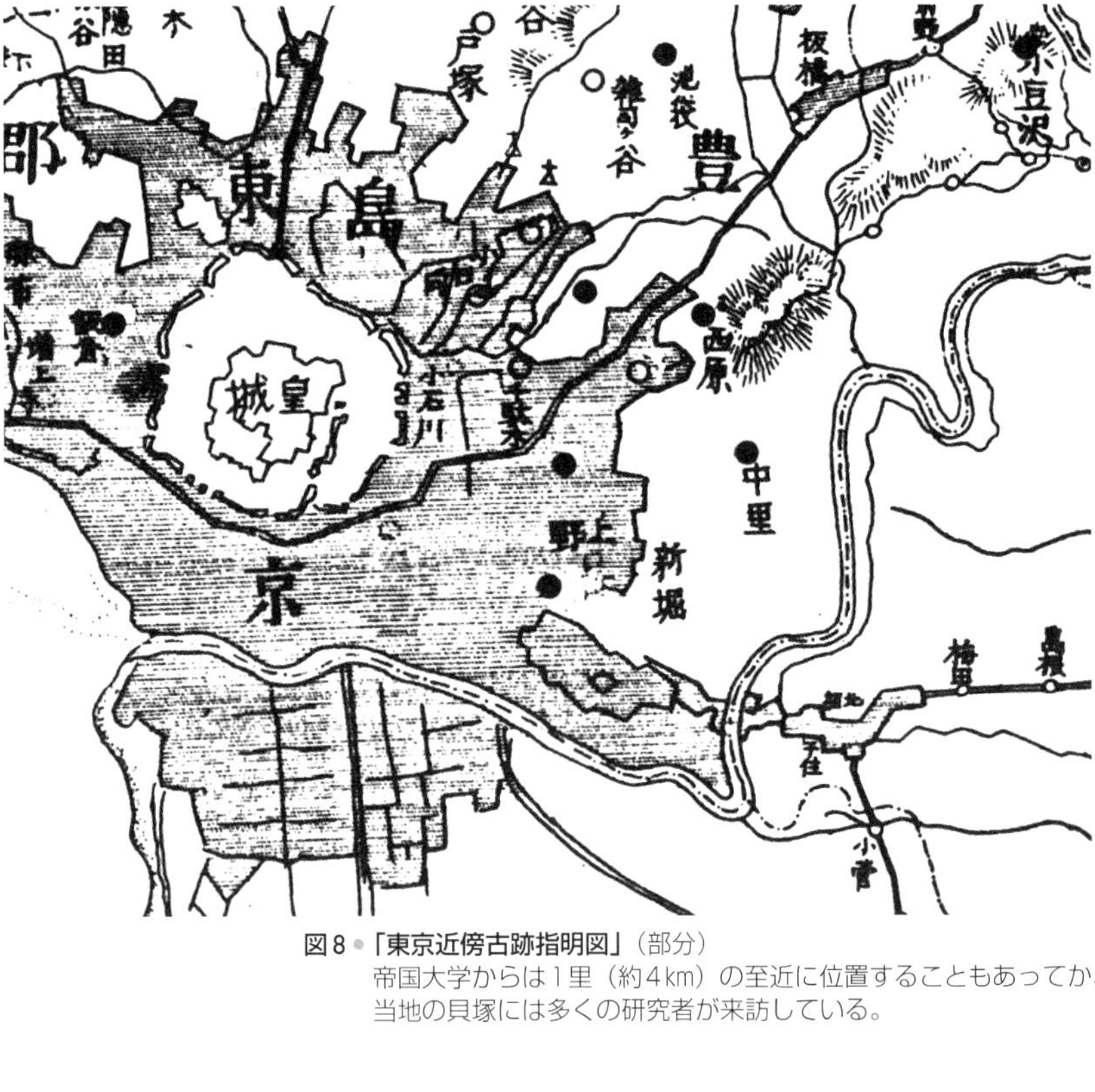


図8●「東京近傍古跡指明図」（部分）
帝国大学からは1里（約4km）の至近に位置することもあってか、当地の貝塚には多くの研究者が来訪している。

いる。なおこの報告には、調査の経緯として「教授茲ニ見ル所アリ、今回余等ヲシテ奮テ之ガ探求ニ従事セシム」とある。「教授」とは坪井である。大森貝塚の調査以後、しだいに貝塚研究が進むなかにあって、依然として中里貝塚の性格は判然としない状態であった。その事態を鑑みた坪井が、学生らを調査にあたらせたことが発端だったようだ。

同報告からはまた、調査費用や遺物観察の便宜を坪井に図ってもらったことや、本調査が大野延太郎《のぶたろう》・若林勝邦《かつくに》・井上喜久治ら多くの東京人類学会会員の協力を得て進められた一大プロジェクトであったことがわかる。

## 学際的な調査研究

「武蔵（国）北豊島郡中里村貝塚取調報告」では、古記録・研究史の集成、立地（地形、地質）・遺物などの分析をとおして、さまざまな方向から検討が加えられている。

なかでも大きく紙幅が割かれているのが遺物である。とりわけ目につきやすく、検出数も多い玉類・須恵器《すえき》・埴輪については、遺物ごとに項目を立て、くわしく分析している。この作業によりはじめて、白井の報文以来、問題視されてきた出土遺物の異質性は、さまざまな時代の遺物が混在することではなく、貝塚にともなう時期の遺物の希薄さにこそあったことが示されたのである。

このような成果を受けて「第六章　結論」では、遺跡全体の性格について、山崎直方《なおまさ》の報告を引用しながら考察している。山崎は、東京帝国大学に地理学教室を創設した人物で、佐藤傳蔵とは地質学科の同級生である。在学中の一八九三年（明治二六）ごろに中里貝塚を訪れ、『東京人類学会雑誌』に報文「貝塚は何れの時代に造られしや」を載せている。

その報文で山崎は、中里貝塚を「海岸の洲渚《しゅうしょ》中に造られしものなり」とした。山崎のいう「洲渚」とは洲の水ぎわのことで、海浜にて採取された貝類の荷揚げ場のような役目をはたした場所だったと想定したのである。さらにこの場所では、貝類が吟味されたり、むき身にして持ち出されたりしたのではないかとし、浜辺であるがゆえに生活の場とはなりえず、おのずと同時代遺物の僅少さにつながったと説いたのである。

白井報文から一〇年、おぼろげながらも中里貝塚の正体がみえてくることとなった。だが、この報告をもって中里貝塚をめぐる議論は一定の収束をみせたのか、『東京人類学会雑誌』でとり上げられることはなくなり、『日本石器時代人民遺物発見地名表』をはじめとする遺跡表などに名が記されるだけとなっていく。

## 3　街なみに埋没する

### 迫りくる開発の波

一八八九（明治二二）年五月、町村制が施行されて滝野川《たきのがわ》村が発足すると、当該地は同村の大字上中里小字東ノ下、大字中里小字内貝塚および貝塚向という地名がつけられた（図9）。周囲には西貝塚といった貝塚にちなんだ小字名も確認できる。また一九二六年（大正一五）に、当地に設置された操車場の名も貝塚操車場であり、かわらずこのあたりのランドマークは中里貝塚であったことがよくわかる。

ところが、設置からわずか三年後には貝塚操車場は尾久操車場へと改名されている。操車場設置を契機として近隣で急速に進められた土地開発は、貝塚を地中へと追いやることとなったのだろう。昭和初期に中里貝塚を記した報告や論文の多くが、湮滅した貝塚としてかつての名声を伝えるのみとなっている。内貝塚、貝塚向、西貝塚という小字名も、戦後、一九四七年の北区成立前後には、たびかさなる町名変更で消えていく。貝塚の存在は、しだいに人びとの記憶から遠ざかっていったのであった。

## 和島誠一による調査

だが、考古学研究者のあいだでは、完全に

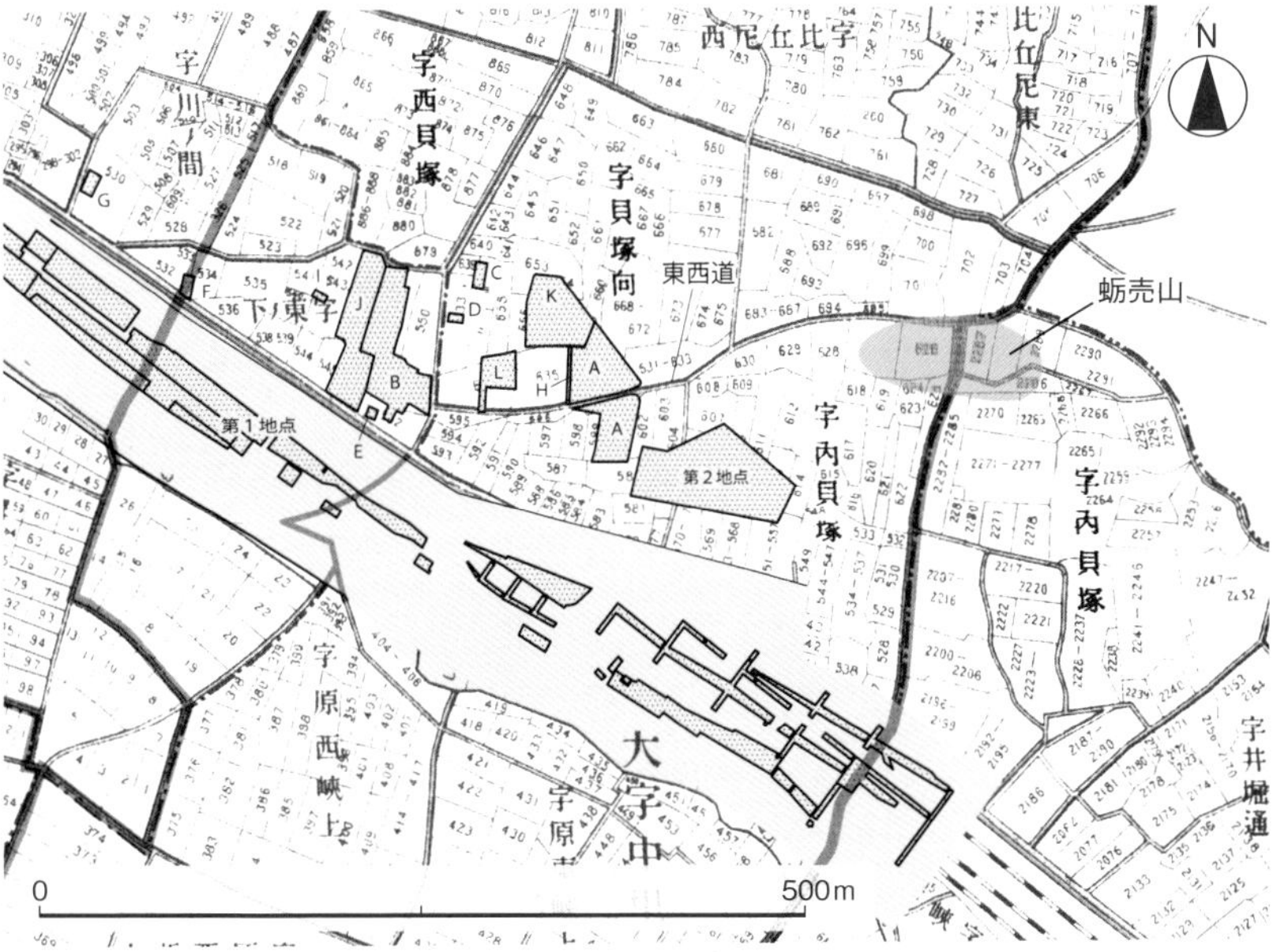


**図９●中里貝塚にちなんだ小字名**（「東京府北豊島郡滝野川村全図」〔1911年、部分〕に加筆）
小字名からは、貝塚との位置関係が垣間みえる。現在はわずかに町会名に残るのみである。「蛎売山」は図５の村絵図にある「蛎から山」「蛎売山」の位置。「A～L」「第1、2地点」などは、第３章でみる現代の調査区を記した。

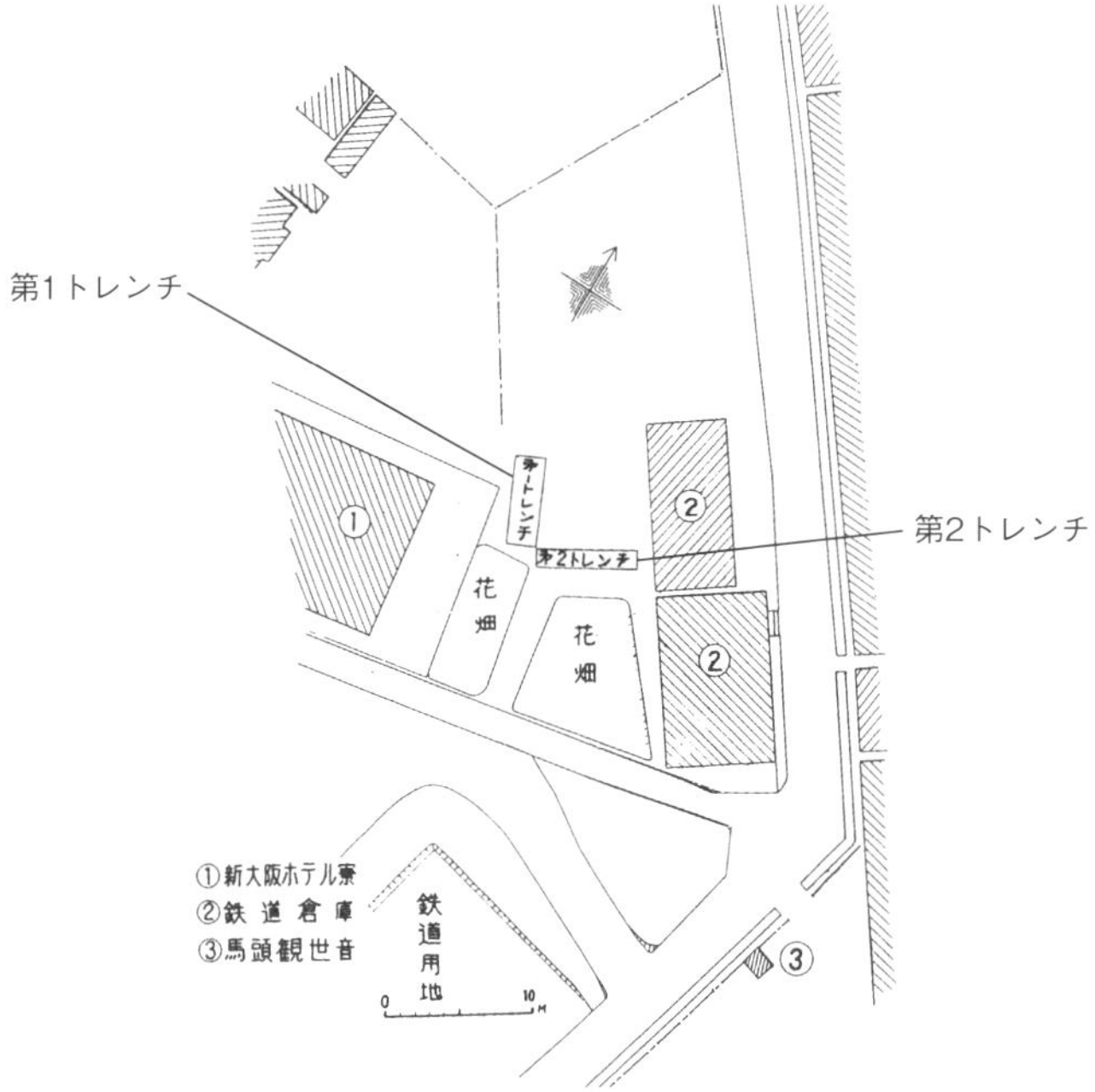

図10 ● **和島誠一による調査のトレンチ位置図**（上）**と発掘写真**（下）
北区飛鳥山博物館に寄贈された資料には、和島によるトレンチ調査を撮影したと考えられる写真が2点ある。トレンチ壁面には無数の貝殻が写っている。

忘れ去られてしまったわけではなかった。一九五八年七月には、当時、資源科学研究所研究員であった和島誠一が、小規模なトレンチ調査を実施している。

この調査は『千代田区史』編纂事業にかかわるもので、旧神田を含む東京都の沖積地の陸化の過程について、従来の知見を再検討するためにおこなわれた。七日間の調査で、計二本のトレンチが掘られている（図10）。この場所は、のちの調査のA地点第1区南側にあたるところで、A地点での調査でこの二本のトレンチが確認されている。

和島は本調査をとおして、膨大な貝塚の築成は「縄文式中期以前の小規模な様相とは異なるもので、むしろ人口が増え集落の規模も大きくなった中期以後の貝塚に似ている」とし、唯一の出土遺物である加曽利《かそり》E式土器（縄文時代中期後半）とも齟齬《そご》のない時期を想定している。そして「これだけの貝の分量は、単に一つの集落の必要のためのみでなく、貝の取れぬ山の手の集落との交換が予測される程のもの」とも述べている。

発掘調査をとおして、あらためて他の貝塚との相違を、山崎直方のいう貝の荷揚場かつ加工場としての役割に求めつつ、さらには縄文時代における地域間交流の可能性を指摘するにいたったもので、小規模ながらもじつに画期的な調査であった。

# 第3章　縄文時代の東京低地

## 1　本格的調査のはじまり

中里貝塚がふたたび脚光を浴びるのは、一九八〇年代になってからである。明治時代の発見からおよそ一世紀。巨大貝塚の実態解明は、一九八三年以降におこなわれた一連の調査により、徐々に進められていくこととなる。

その口火を切ったのは、東北新幹線敷設工事にともなう中里遺跡第1地点の調査だ。東北新幹線は、一九八二年六月に大宮―盛岡間が開業し、しばらくは大宮駅が起点となっていたが、やがて上野駅乗り入れ工事が本格化することになった。その敷設ルートは中里貝塚の故地を斜めに通過するものであったため、事前調査の必要性が生じ、これが中里遺跡第1地点の発掘へとつながったのである（図11）。

この調査は、「中里貝塚再発見」が大いに期待されるものであった。残念ながら、結果的に第1地点では貝塚の本体にあたることはなかったが、約二万四〇〇〇平方メートルにおよぶ調査では、縄文時代の環境がわかる成果がえられ、中里貝塚形成の背景を垣間みることとなった。住宅街の只中にある中里貝塚だが、中里遺跡の調査によって、縄文時代にはどのような環境下にあったのかがみえてきたのである。

## 2　奥東京湾と縄文人のくらし

### 縄文時代の海岸線

中里貝塚が立地する東京低地は、武蔵野台地と対岸の下総台地のあいだに横たわる幅広い沖積地だ。この地形はもともと、古東京川により浸食された大きな谷地形であったところに、のちに分厚く土砂が堆積してできたものである。

縄文時代は、地球規模での気候の変動が確認されており、これらは中里貝塚の形成とも深くかかわる。なかでも大きな変化があったのが縄文時代前期だ。当時はいまよりも温暖な気候だったため、海面は現在より三メートルほど高くまで上昇し、海は関東平野の内陸部まで侵入して内湾が形成された（**図12**）。いわゆる縄文海進である。

「奥東京湾」とよばれるこの内湾は、いまの東京湾よりも北へむかって細く長くのび、その最北端は栃木県南部にまでおよんだとされる。このことを示すように、奥東京湾沿岸にあった関東地方北部では多数の貝塚が残されている。

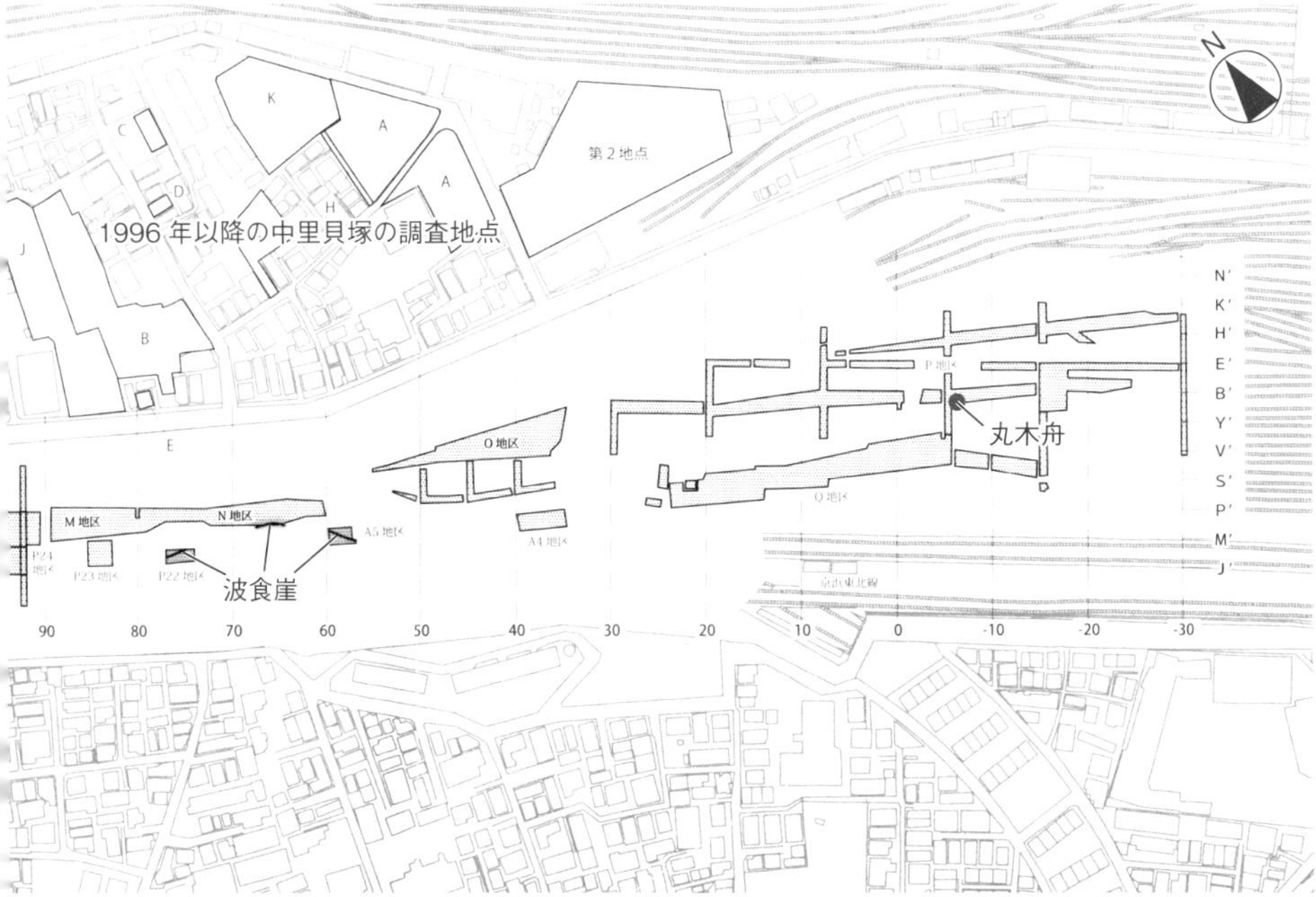

波食崖と波食台（N 地区）

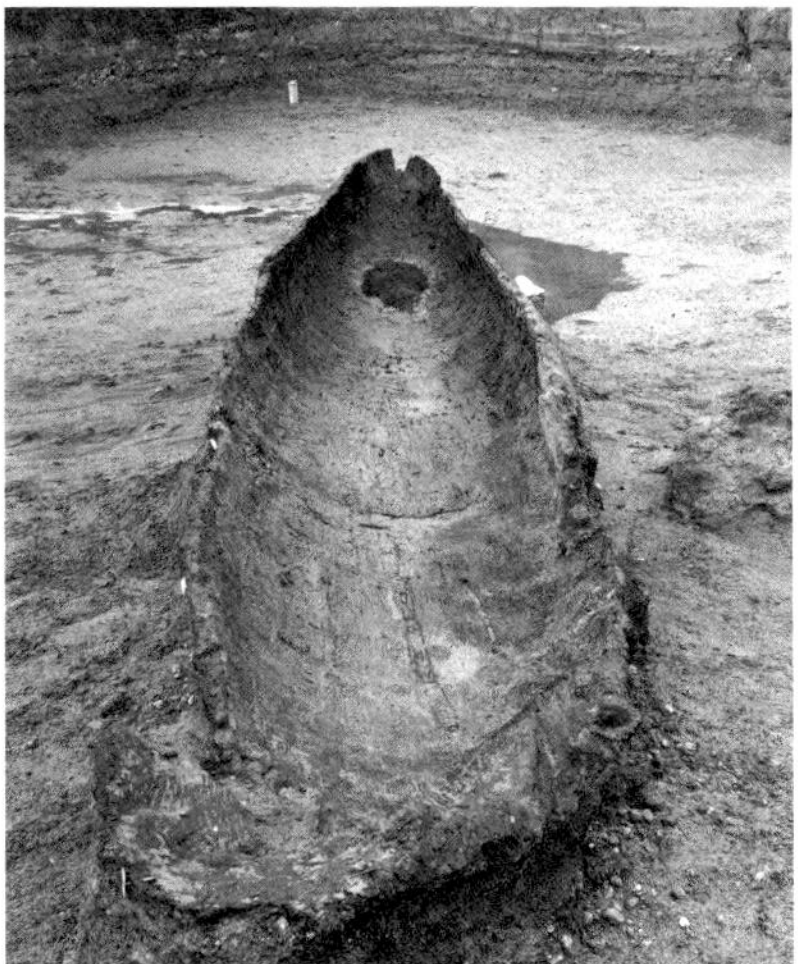
丸木舟の出土状況（P 地区）

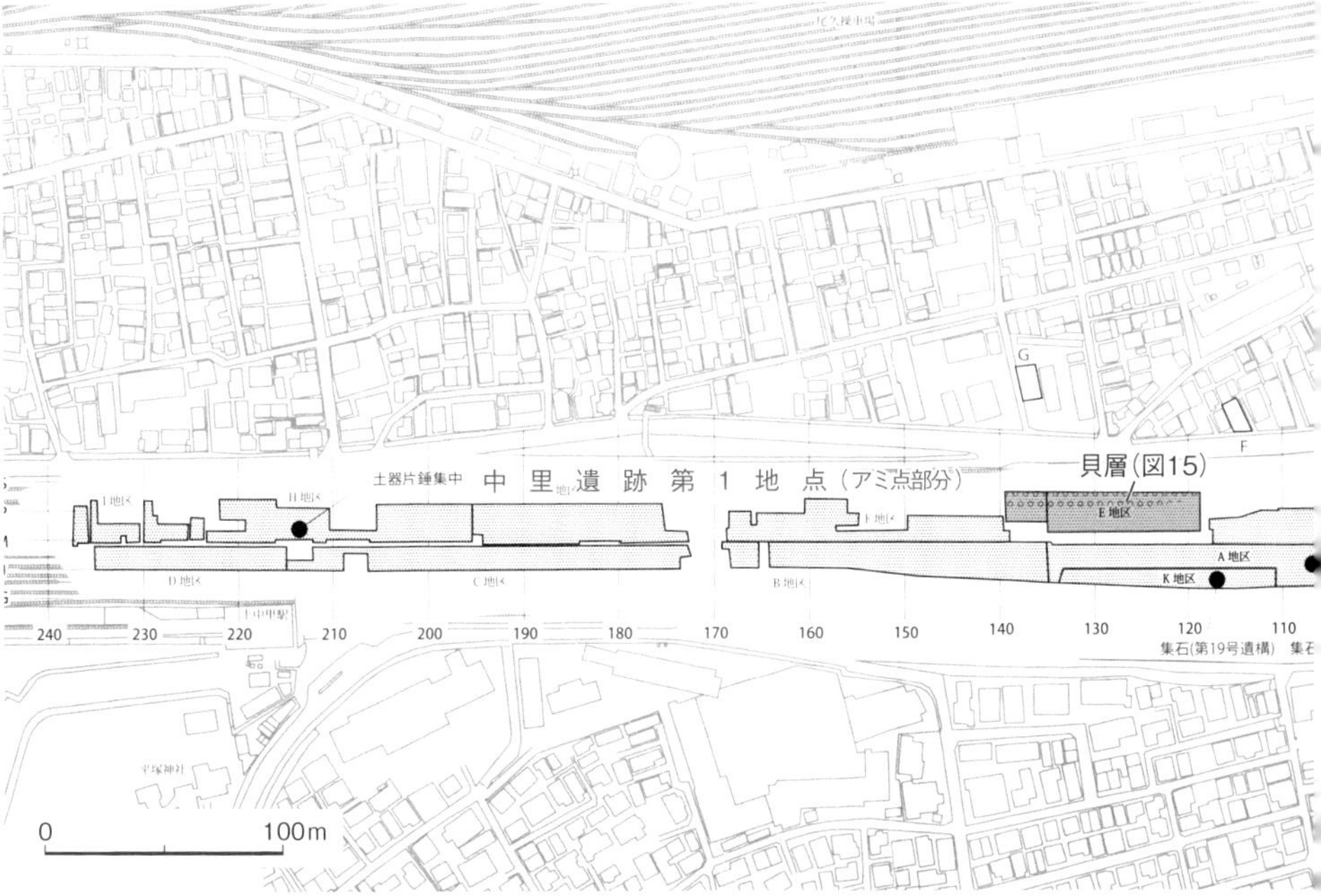


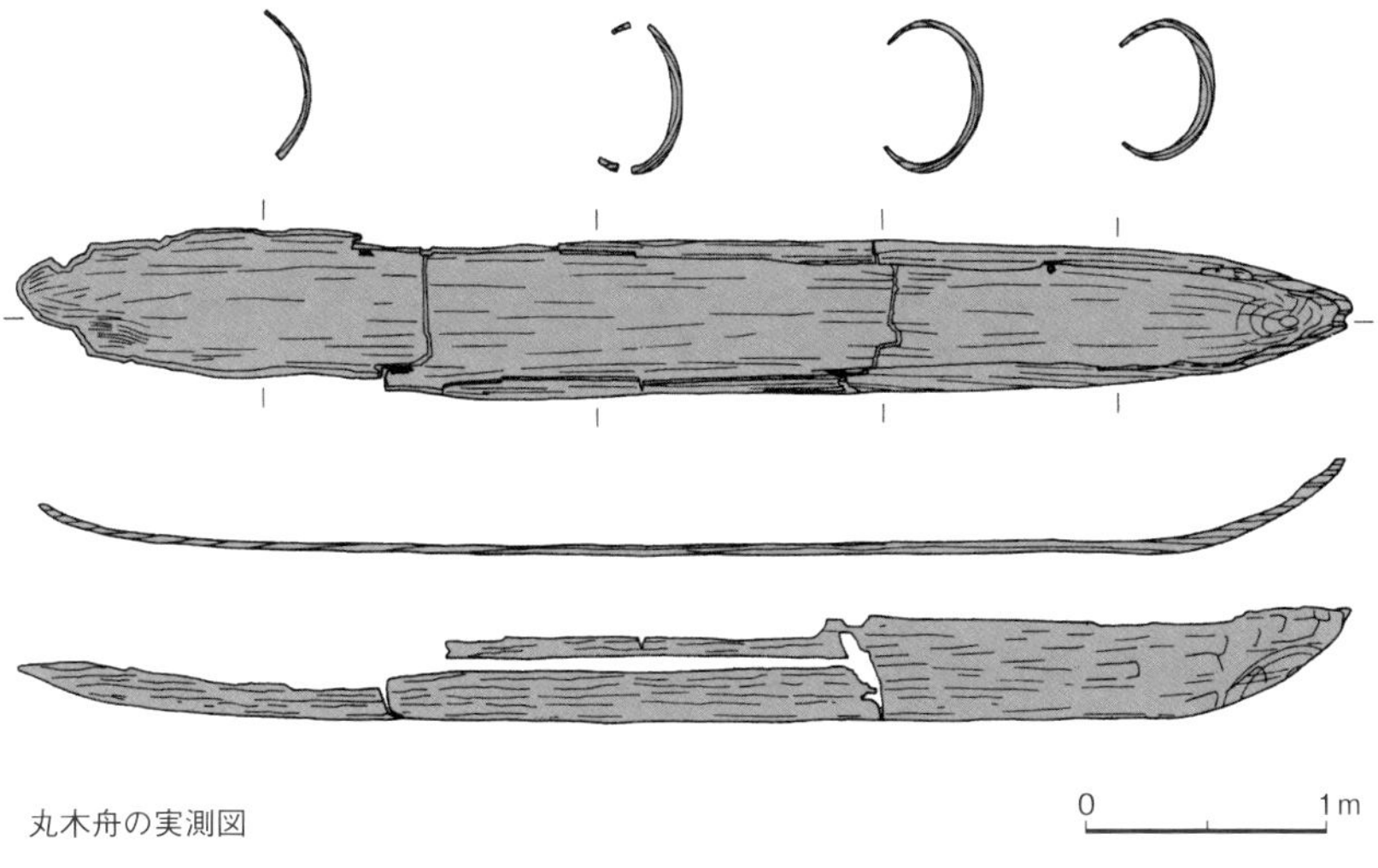


丸木舟の実測図

**図11 ● 中里遺跡第1地点の調査区**

東北新幹線の高架橋下や東京新幹線車両センターなどがあるＪＲ東日本の所有地内、約1.1kmの帯状にのびる長大な範囲で調査がおこなわれた。

縄文海進の最盛期、東京低地は海におおわれ、その波は台地の裾に直接打ち寄せたようだ。中里遺跡の調査では、縄文海進の痕跡として、波の営力によってつくりだされた波食崖《はしょくがい》や波食台《はしょくだい》がみつかっている（**図11**）。周辺では西側の武蔵野台地から約一七メートルの比高の急崖をへて東京低地へと移行しており、崖線直下から約二五〇メートル東にかけては、海洋における大陸棚のように平坦な地形が形成されたとみられている（**図13**）。

## 海退と砂浜の形成

その後、縄文時代前期末になると、海進のピークはすぎ、海退に転じるようになる。海面はふたたび一～二メートル低下し、奥東京湾の規模が縮小する。中期中ごろには、東京低地まで海岸線が後退したようだ。

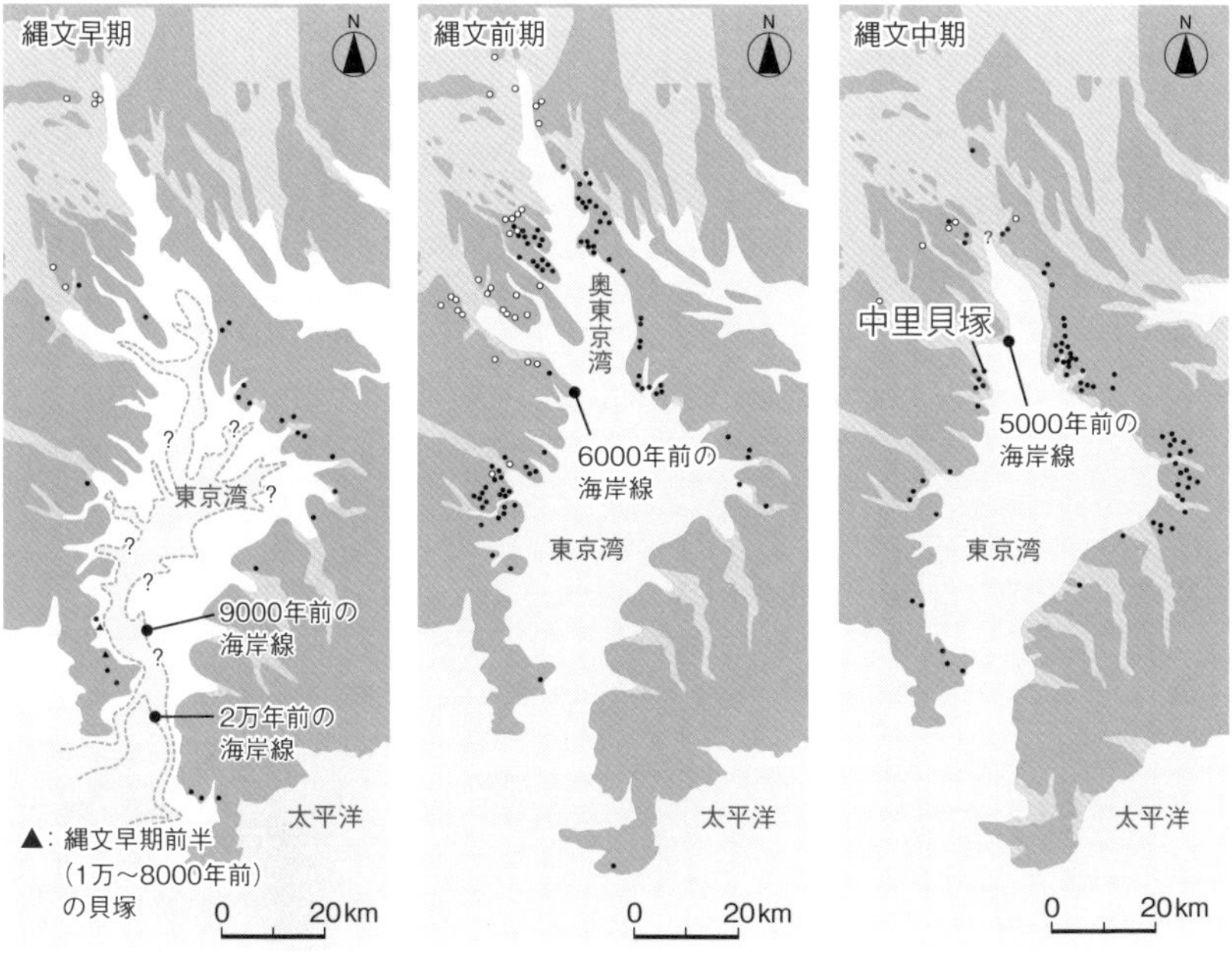


**図12 ● 東京湾の古地理と貝塚分布**
縄文海進最盛期（縄文時代前期）には、現在の海岸線からは想像がつかないような奥部にまで、海が侵入していたことがわかる（●海産種を主体とする貝塚、○汽水性の種を主体とする貝塚）。

崖線直下の中里貝塚周辺は、それまで海水におおわれていた東京低地のなかでもいち早く陸地化がはじまり、前面に干潟が広がる砂浜があらわれたとみられる。武蔵野台地の崖線に沿って飛鳥山微高地（標高三〜七メートル）や田端微高地（標高三〜五メートル）といった、小高い二つの微高地地形が認められるが、砂浜を形成する砂層の広がりは、これら二つの微高地と一致する（図14）。

中里遺跡第1地点のE地区では、中里貝塚本体とは異なる、マガキやハマグリを主体とする縄文時代中期初頭の良好な貝層が発見された（図15）。

E地区は、調査範囲全体のなかではもっとも海寄りに位置する場所だ。縄文時代前期にあたる堆積層の上面は、調査区内の北側において、当時の海側にむかって傾斜する様子がみられる。このような堆積状況は海と陸地の境となる汀線《ていせん》の状態を示唆するものであり、この場所に縄文時代の波打ち際があったことがわかる。

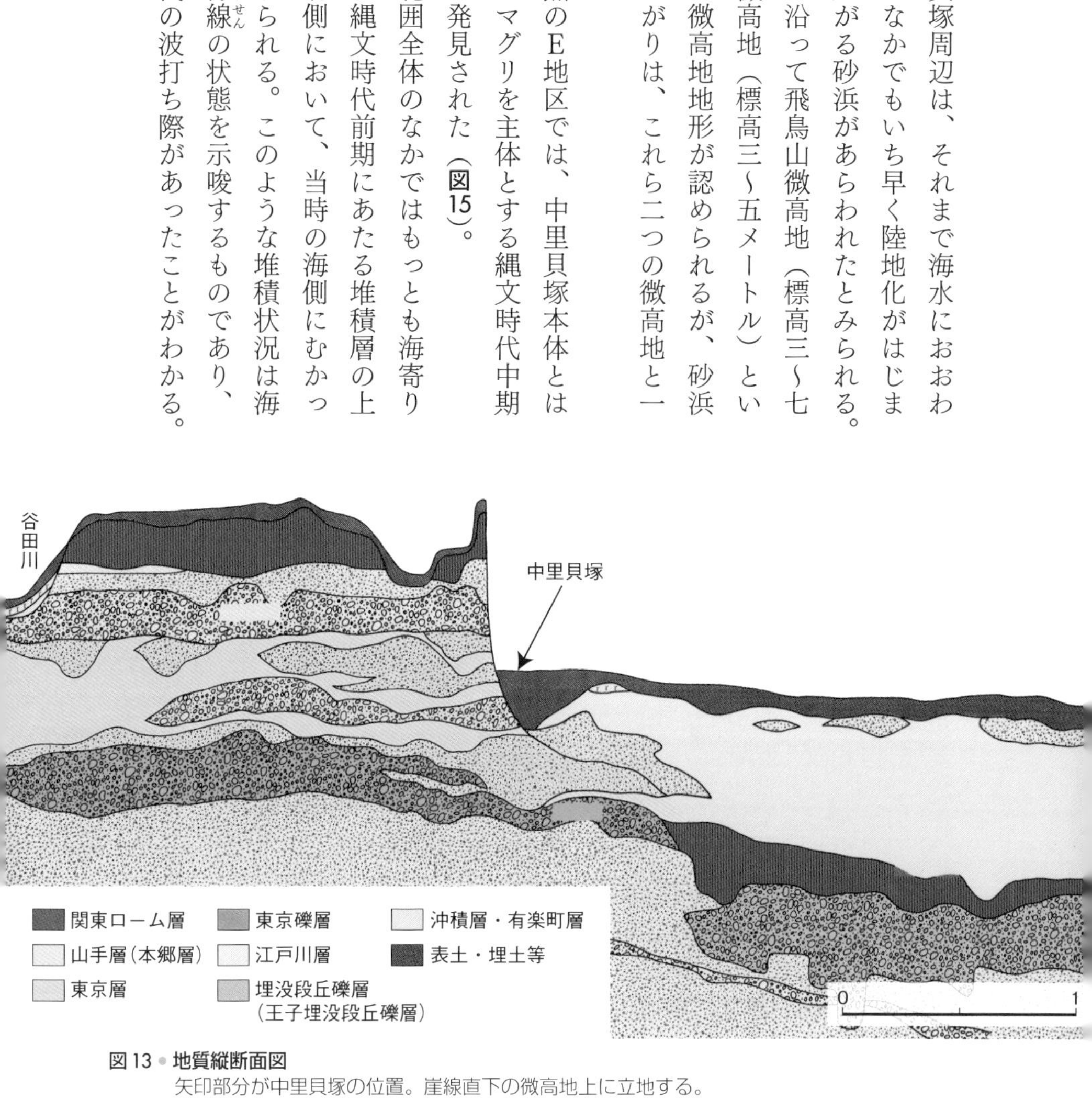


図13 ● 地質縦断面図
矢印部分が中里貝塚の位置。崖線直下の微高地上に立地する。

## 海岸線での縄文人の活動

中里遺跡第1地点では、多量の煤けた縄文土器や土器《どき》片錘《へんすい》（土器片を再利用してつくられた網のおもり）、火を受け酸化した集石遺構のほか、田端微高地の砂層中から、貝層とほぼ同時期と推定される丸木舟が海岸にすえられたかのような状態で発見された（図11）。

出土した丸木舟は、全長五七九センチ、最大幅七二センチ、深さは中央部で四二センチ、船体の厚さは舷《げん》の上端で二センチ、船底部でも五センチである。使用された樹種は、ニレ科ムクノキ。ムクノキは、縄文時代後～晩期の植生復元でも、崖の斜面から西の台地上にわたって生育していたと推定されている。硬質で粘り強く、割れにくい性質を備えており、近接する台地上に生息する樹種のなかから、丸木舟の製作に適したものとして選ばれたようだ。

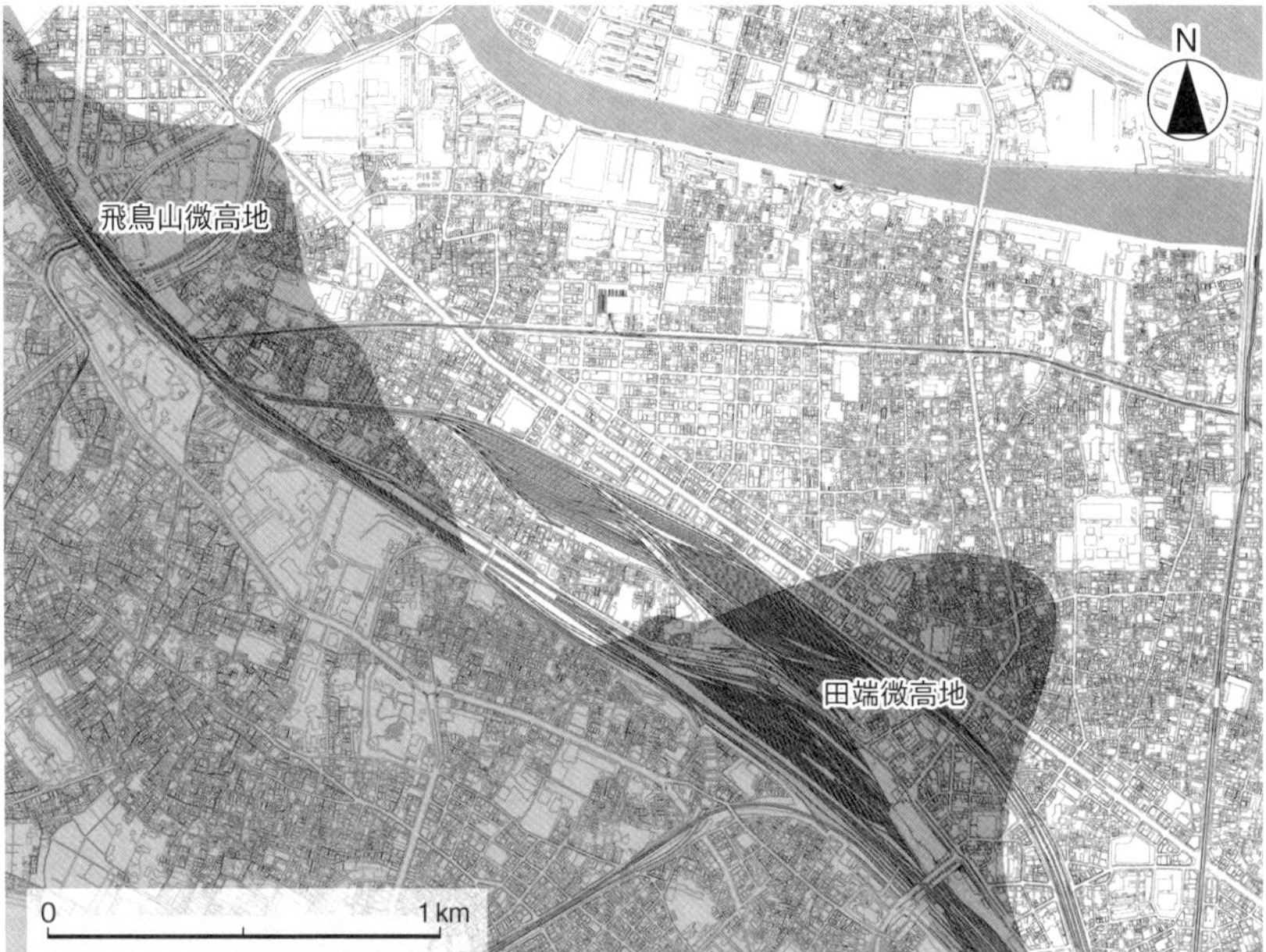


図14 ● 中里遺跡周辺の地形図
飛鳥山微高地は石神井川の小扇状地として形成されたものと考えられるが、田端微高地については、その成因は不明である。

丘陵の縁辺部に住んだ縄文人にとって、崖下の海岸は重要な生活帯であったことだろう。貝層や丸木舟などの出土は、中里貝塚における貝層形成の前段階で、かつ近接する台地上においても明確な集落形成が認められないという縄文時代中期初頭に、すでに人びとが低地に降り立ち、採貝や漁労などの活動をはじめていたことを物語る。

**図15 ● 縄文時代の海岸**（E地区）
発掘区の右手に貝殻の堆積がみられる。一方、左手には、縄文時代の波打ち際がうかがえる。

# 第4章　巨大貝塚を解明する

## 1　貝殻はどのように堆積しているのか

### 中里貝塚A地点の発掘

こうして東北新幹線の上野乗り入れにともなう発掘調査では、縄文時代中期初頭の自然環境と海辺の縄文人の活動がわかってきたが、かつて「誠に雪の降りたるが如し」といわれた無数の貝殻があたりを埋めつくした貝塚はみつからなかった。

それが一九九六年、波食崖や丸木舟がみつかった場所から北に一〜二キロ行った、尾久操車場、宇都宮・高崎線などの線路群にはさまれた住宅・工場地域で、北区が公園用地を取得し、その整備の前におこなった発掘調査で、急転することになった（図16）。

試掘調査初日の五月二八日、大量のハマグリとマガキの貝殻が出土し、ここが中里貝塚の本体ではないかとの期待が高まった。そして、本書冒頭に述べたように、七月二四日、ついに巨

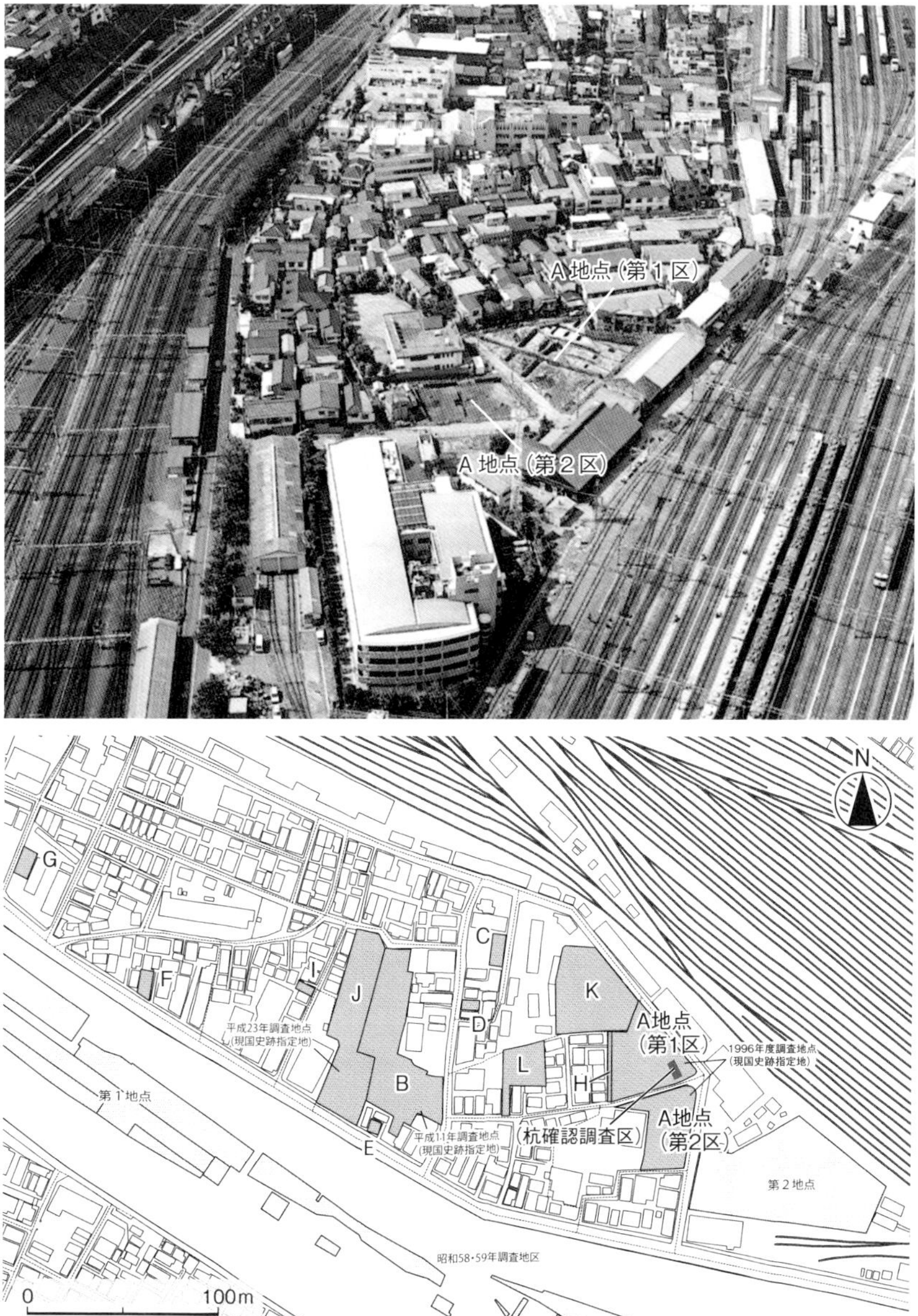


**図 16 ● 中里貝塚の調査区**
JR東日本の線路群にはさまれた住宅街の一角にある。写真中央部、北区の公園予定地でおこなわれたA地点の調査では、想像をはるかに超える厚さの貝層が発見されることになる。

大貝塚を発見したのである。

ここは中里貝塚Ａ地点とよばれ、東西に横断する道路をはさんで南北の二地区に分かれる。調査にあたっては北側を第1区、南側を第2区とした。また、後に述べる杭が発見された第1区南東端に杭確認調査区（杭区）を設定した。

中里貝塚は低地に立地する貝塚であり、また過去の調査例などから、人工遺物が極端に少ないことが予想された。通常の調査方法では実態の解明が遠のくおそれがあった。そこで貝塚の性格を究明するため、Ａ地点の調査では古環境の復元と貝層を詳細に把握することに重点をおき、トレンチでの断面観察に加え、土壌試料や貝試料

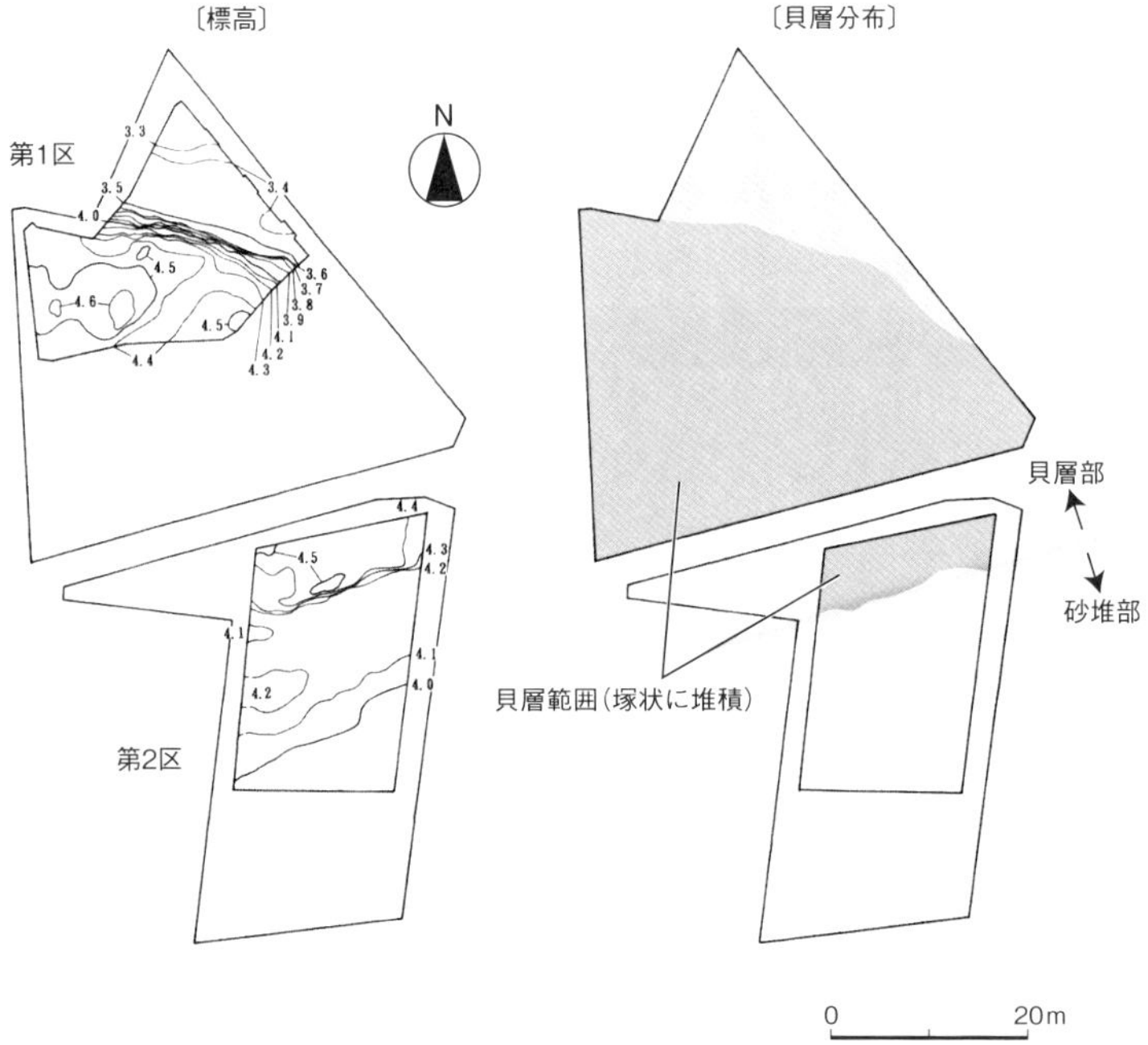


**図17 ● Ａ地点の貝層の堆積状況**
Ａ地点の調査では、貝層部と砂堆部の位置関係が明らかとなった。
貝層は汀線付近がもっとも厚く塚状に堆積している（図18参照）。

などを採取し、花粉分析や植物珪酸体分析法などといった自然科学分析を多用する方針がとられた。

## 貝層の堆積状況

発掘調査の結果、A地点の貝層は、第1区の全域から第2区北側にわたってみつかった。また第2区の南側は砂礫が堆積する様子がみられた。このことから台地寄りの砂礫が堆積してできた砂堆部と、縄文時代に海だった北側の貝層部との位置関係が明らかとなったのである（**図17**）。

**図19**で貝層の断面をみてみよう。一番下のⅠ層は、砂泥が海底に堆積した海成層で、生痕化石を多く含む。縄文海進による海食作用で武蔵野台地が大きく削り出されて形成された波食台でもある。砂堆側から海側へゆるやかに傾斜するが、帯状の高まりやくぼ地もあり、一様ではない。

ⅡからⅣ層はおもに砂堆側に堆積し、海側に傾斜して消える。そのなかでⅡ層は砂層、Ⅲ層はマガキ

**図18 ● 塚状に堆積する貝層**
第1区の貝層部。写真左側（南側）の堆積部が盛り上がっている。
貝層上面の比高は0.8～1.9mにもなる。

主体のシルトまじりの貝層、Ⅳ層は暗灰色シルト層である。

その上のⅤ層では、砂堆側の砂層やシルト層と貝層側が同時堆積する。貝層部、つまり縄文時代の貝層は大きく三つに分層できる。波食台の直上にあたるⅤ−1層はマガキ主体層、Ⅴ−2層はマガキ・ハマグリの混合層ないしはハマグリ主体層、Ⅴ−3層はマガキ主体層である。

これらの貝層は全体としては砂堆側から北にむかって厚くなり、当時の海側にかけて傾斜しながら堆積する。そのため、砂堆部に近いところの貝層は、厚く塚状に堆積する様子がみられる（図18）。この塚状の高まりは、幅三〇〜

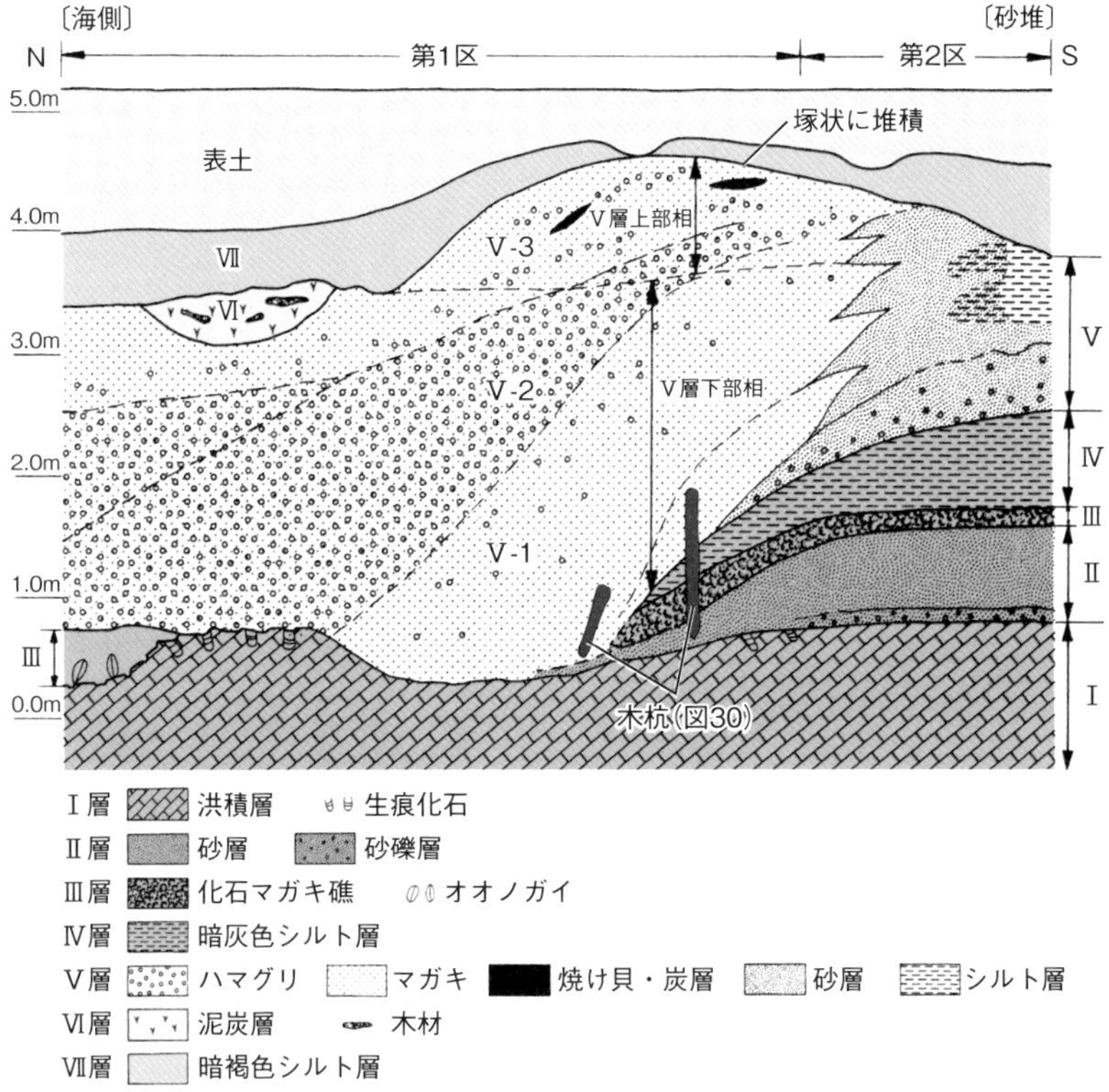


**図19 ● A地点の基本層序模式図**
貝層の形成当初は、砂堆より北側に海水〜汽水域が存在していたが、そこに貝殻が大量に投棄された結果、貝層が海側へ徐々に前進・拡大していったことがわかる。

四〇メートルで東西に連なると推定された。

なお標高三・五メートル付近を境に上下で、堆積物や細部の堆積構造には明らかな差が認められる。下部（標高三・五メートル未満）は貝混じりシルト層〜シルト混じり貝層からなり、海側に下がりながら堆積する。これに対し、上部（標高三・五メートル以上）は、ほぼ水平に堆積したシルト混じり貝層〜純貝層からなる。下部よりもシルト分が少なく、マガキやハマグリ主体の純貝層中には破砕貝層、焼け貝、炭化物や灰の薄層が無数にはさまっている。

微化石分析や微小貝類分析の結果、下部相は潮間帯（満潮時には海中に沈み、干潮時には大気にさらされる海岸領域）、上部相は潮上帯（いつも陸上となる海岸領域）にそれぞれ堆積したものと推定される。この区分は堆積環境のちがいをあらわすものであり、時間的な堆積序列とは合致しておらず、V−1〜3層の層序区分を横切ってほぼ水平に広がっている。

## 2　貝塚はどのくらい広がっているのか

### 場所によって異なる貝層の厚さ

A地点の調査以降も、周辺で建物の建て替えなどの際に発掘調査をおこない（**図16のB〜L地点**）、いずれの場所でも可能なかぎり「貝層の底」を検出する作業が試みられてきた。貝層は全調査地点で出土しているが、その厚みは場所によって異なる。

各地点で検出された貝層の厚さを比較すると、波食台直上から貝層が堆積するA・L地点付近がもっとも厚く、三・九〜四・五メートルに達する。そこより西側のB・J地点では二・〇〜二・五メートル、さらに西側のF地点では一・三メートル、G地点では〇・三〜〇・六メートルとなり、東西方向では西側に行くにつれ薄くなることがわかった。

一方、南北方向では、D地点で二・〇メートル以上の貝層が推定されるものの、その北側のC地点では層厚が一・〇メートルに減じたマガキ主体の混土貝層がみつかっている。同じようにB・J地点の調査区内でも二・〇メートル以上の貝層が一・〇メートル以下にまで減じる様子がみられ、北側に行くにつれ層厚が薄くなることがわかる。

## 泥炭層で広がりを推理する

では、大型を飛びこえ、巨大と称される中里貝塚の実体は、どのようなものだろうか。

地下に埋没した貝塚本体の姿かたちを考えるとき、調査により検出された貝層が、貝塚形成期の純粋な堆積によるものなのか、貝塚本体の上層から流出・再堆積したものなのかの判別が重要となる。中里貝塚では、泥炭層の広がりを判断材料の一つとして、堆積範囲を推定した。

この泥炭層は貝層直上に堆積した植物化石層のことである。A地点の珪藻分析では淡水性種が優占していることが明らかになっている。泥炭層の存在は、かつてその場所が河川などの水流の影響を受ける水域環境下にあったことを示すものだ。そこで、泥炭層におおわれていない貝層の範囲を追うと、貝層形成当時の位置を保ったままの堆積範囲が推定できると考えた。

貝層の高まりと泥炭層の分布を図化すると、東西方向に帯状に連なる形が浮かび上がった

（図20）。なんとも異様な姿だ。関東地方で知られている大型貝塚の多くは、環状や馬蹄形を呈するもので、その形は、集落の最終形態（終焉を迎えたときのかたち）をあらわす。だが、この帯状に連なる形状はそれらとは明らかに異なっている。集落ではなく、海浜部の砂堆に沿ってつくられた中里貝塚ならではの形といえよう。

## 帯状に六〇〇メートルを超える貝層

帯状に連なった貝層の高まりは、明治期のスケッチ（図6参照）に描かれた貝殻散布の部分とおおむね合致する。その長さはこれだけでも優に三五〇メートルある。

だが貝層の広がりは、それだけにとどまらないであろうことは、先人の踏査成果が雄弁に物語る。畑地に散る貝殻の散布が目視できた明治時代、前出の佐藤傳蔵・鳥居龍蔵の報告には、貝殻の散布状況は起点となる貝焼場付近がもっ

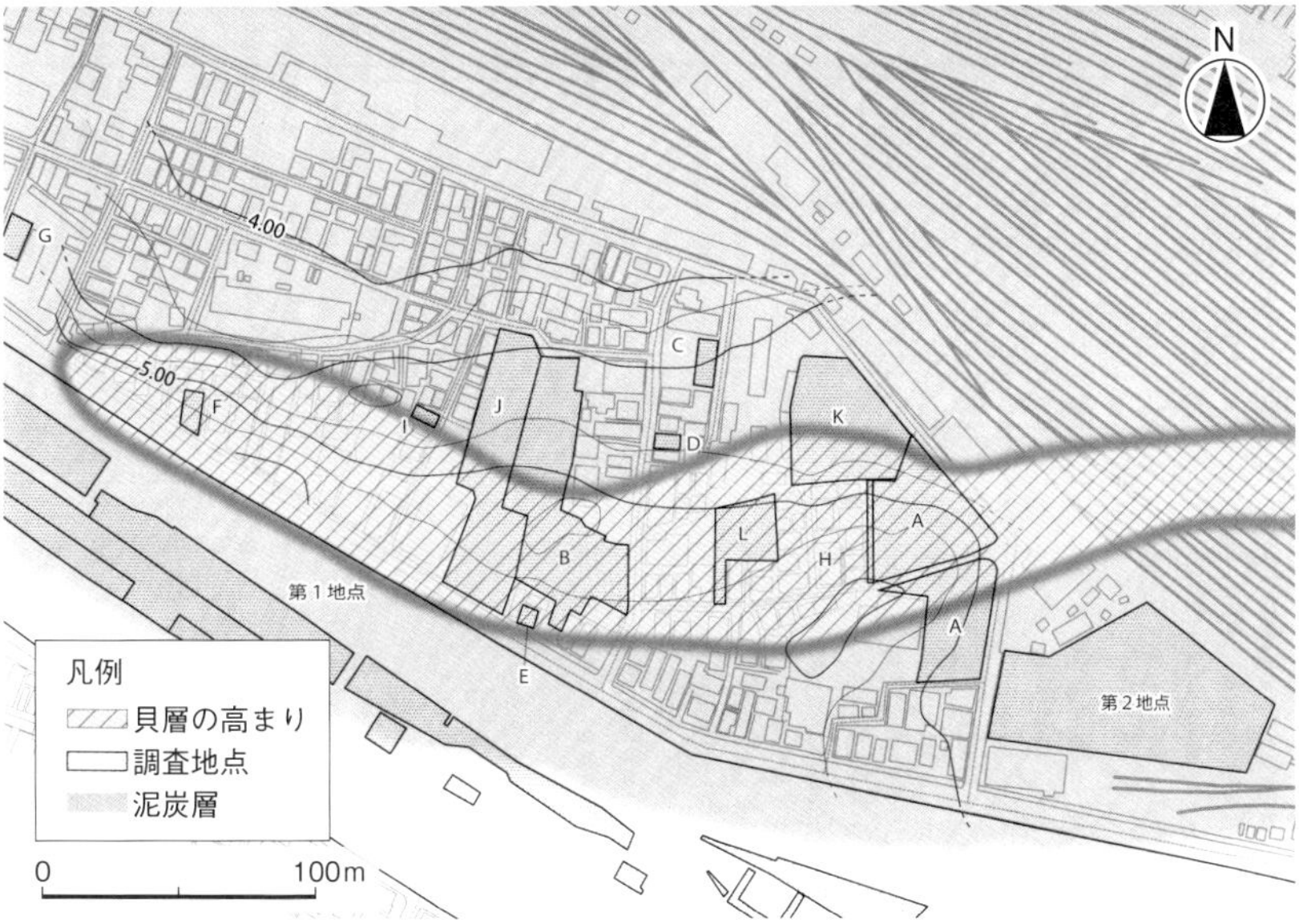


**図20 ● 貝層の高まりと泥炭層の分布範囲図**
左右にのびるのが貝層の推定範囲。周辺の薄青色の部分が泥炭層。泥炭層は、標高4.0ｍ以下の各地点の貝層上面で確認される。また、隣接する中里遺跡の第１地点から第２地点にかけても広範囲に検出されている。

とも顕著で、西側へ量を減らしながらのびて崖線下で終息するとある。

貝焼場は、江戸時代に示された「かきがらやま」や明治時代に白井光太郎が表面採集をした塚に想定される場所で、現在の尾久操車場内に位置する。このことをふまえ、東端を「かきがらやま」想定地までのばすと、貝層が厚く堆積する貝塚本体の東西の長さは六〇〇メートルと推定されるのである（図21）。ただし、層厚は薄いものの、G地点での成果を考慮するならば、推定範囲はさらに一〇〇メートルほど広がることとなろう。

幅はどうだろうか。縄文時代の汀線より沖合側にある貝塚の形成範囲を一律にとらえることがむずかしく、不明な点も多い。A地点第2区からK地点試掘坑までが約八〇メートル、B地点が約九五メートル、J地点が約八〇メートルの幅で貝層がみつかっているが、

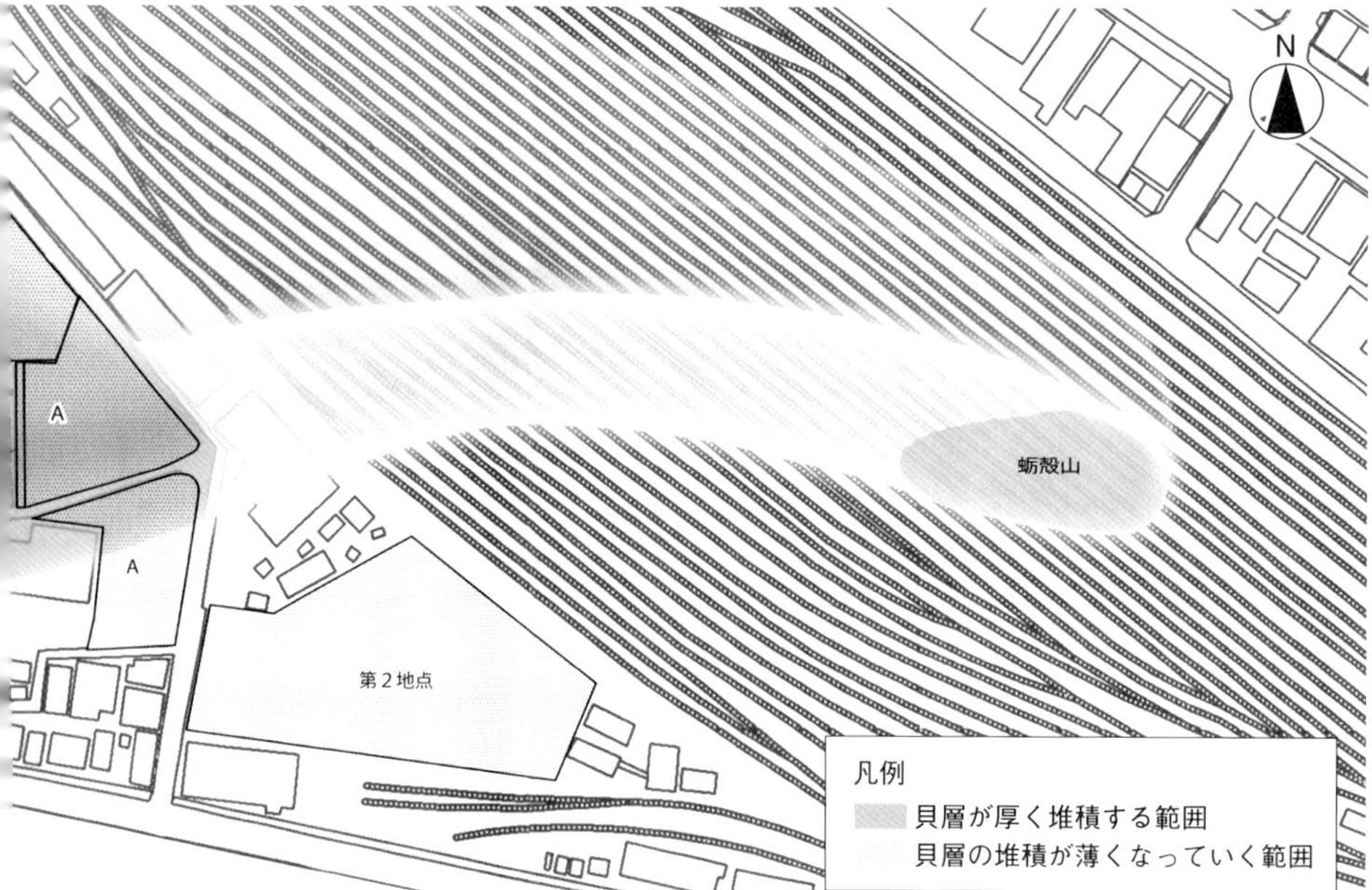

いずれでもさらに北側へのびることはまちがいない。貝塚本体から一〇〇メートル以上も離れるC地点の北側でも確認されていることから、沖合側の平面分布は、貝塚本体から北側一〇〇メートルを超える広がりが想定されるのである。

なおこの推定範囲の西側でも、住民からの聞き取りや貝殻散布から、貝塚が認められる場所がある。江戸期の村絵図にも付近では「蛎殻塚」「貝塚」が確認でき、前出の『江戸志』ではこのあたりまでを中里貝塚とみていた節がある。**図14**でみたように、中里貝塚周辺は崖線下に二つの微高地（飛鳥山微高地、田端微高地）が発達していた。それらと比較すると、中里貝塚は田端微高地の北西辺に位置することがわかる。一方で「蛎殻塚」「貝塚」から崖線下東側の散布範囲は、飛鳥山微高地の南東辺に沿ったものであることか

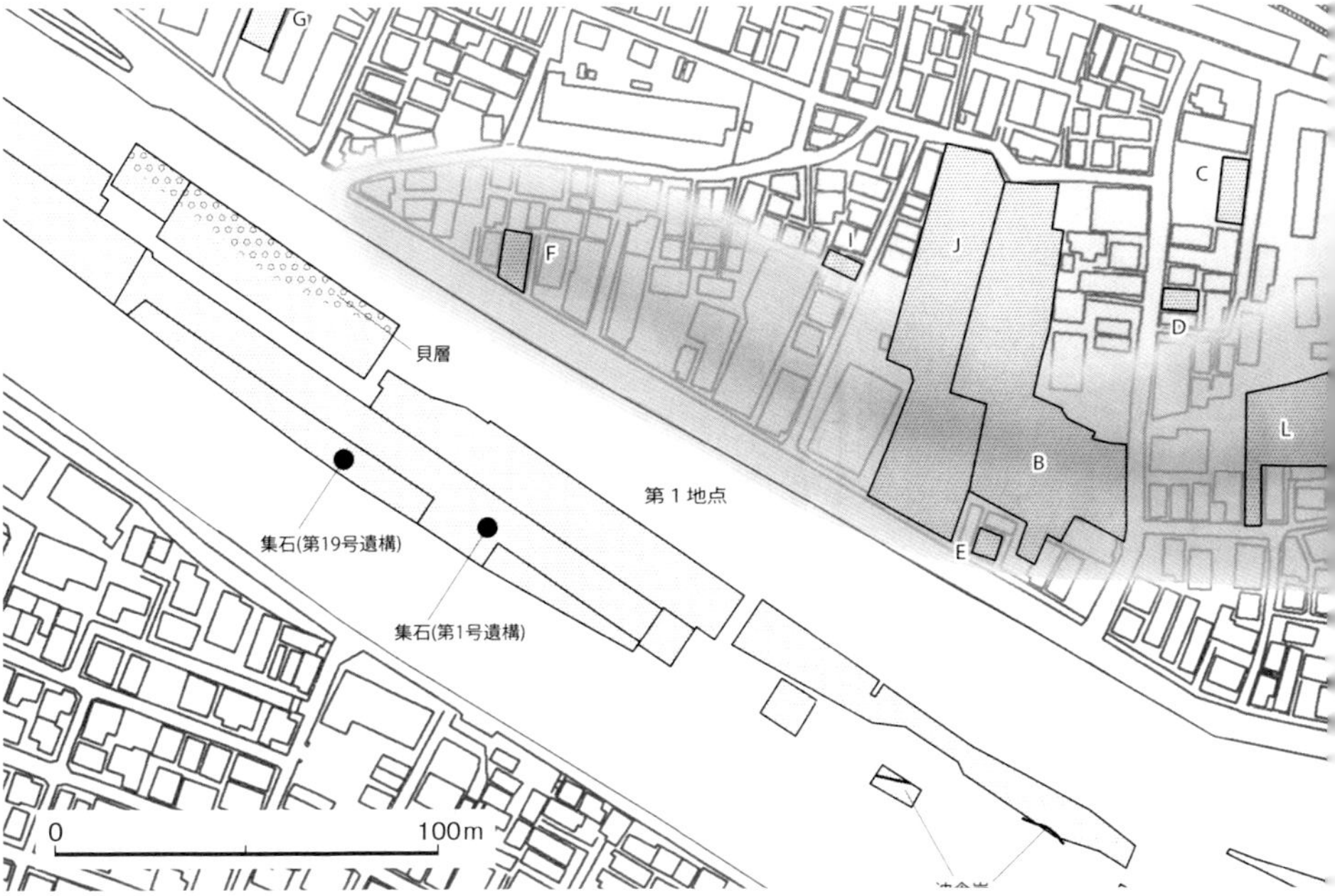


**図21 ● 中里貝塚の推定貝層分布範囲**
東西600m（さらに100mのびる可能性もある）、幅は100mを超える広がりが推定できる。
貝層の堆積は、崖線側が厚く、沖合側に行くにつれて薄くなっていくものとみられる。

ら、これらは、別地点の貝塚（栄町貝塚）に起因すると考えたい（図39参照）。

## 3 貝層はどのように形づくられたのか

### 貝層の形成期間

以上のような厚さと広さをもつ巨大貝塚は、どの時期に、どのくらいの年月をかけて形成されたのだろうか。わずかに出土した土器（図22）の型式と木材、土器付着の炭化物などを資料とした放射性炭素年代測定の結果から、貝層の形成はおよそ八〇〇年にわたっておこなわれたとみられ、つぎのような四期の変遷が推定される。年代観については土器型式であらわし、現在の暦年較正された実年代（放射性炭素年代測定による年代を年輪年代測定結果との照合で調整した年代）を参考として併記する。

形成初期　勝坂2式期～勝坂3式期（約五二〇〇～四九〇〇年前）
崖線側を中心に、マガキ主体の貝層形成がはじまる。

形成前半　加曽利E1式期～加曽利E2式期（約四九〇〇～四七〇〇年前）
連続的に貝層が形成され、沖合側でもマガキ主体の貝層形成がはじまる。その一方で、崖線側近くでは大型のハマグリも投棄されるようになる。

形成後半　加曽利E3式期（約四七〇〇～四五〇〇年前）

ハマグリ・マガキ混合層あるいはハマグリ主体層が形成される。A地点やB・J地点では、沖合側に捨て場を移動して貝層の形成が進む。

### 終焉期

加曽利E4式期〜称名寺《しょうみょうじ》1式期（約四五〇〇〜四四〇〇年前）

広範囲でマガキ主体層が確認されるが、その規模は縮小していき、やがては終焉を迎える。

貝層は勝坂式（約五二〇〇〜四九〇〇年前）に形成がはじまり、加曽利E1式（約四九〇〇年前）以降徐々に沖合側に拡張し、加曽利E2〜E3式期（約四八〇〇〜四五〇〇年前）にかけて最盛期をむかえ大規模になるが、加曽利E4式期（約四五〇〇年前）以降に縮小し、称名寺式期（約四四〇〇〇

**図22 ● 中里貝塚から出土した土器**（B地点）
貝層中から出土した加曽利E2式の深鉢形土器。内外面に炭化物が付着する。加曽利E式でも古段階に位置づけられるものであり、貝層の形成年代を知るうえで重要な資料となった。

年前）には終焉期を迎えたことがみえてきた。

## 微小貝類の分析

以上、中里貝塚の分厚い貝層は八〇〇年もの間、何世代にもわたって貝殻廃棄をくり返した跡であることがわかった（図23）。では、貝殻廃棄の過程をさらに明らかにする方法はないだろうか。微小貝類に注目してみよう。

中里貝塚の調査では、貝塚形成時の古環境はどのようなものだったか、また人間による採貝活動がどのようにおこなわれたかにせまる方法として、貝類遺存群の精緻な分析をA・B・C・G地点でおこなった。

貝塚を構成する貝殻には、人間が目的をもって採取した有用種とそれらととも

**図23 ● 浜辺での活動風景イメージ**（画：さかいひろこ）
目の前に広がるおだやかな内海には、大きなカキ礁が形成されており、舟を出してカキを採る人の様子がうかがえる。春〜夏には、その先に広がる砂浜に舟を出し、ハマグリの採取もおこなわれたことだろう。浜辺では、水揚げされた貝を運ぶ人、身をとり出す人、殻を捨てる人などが、それぞれの作業に精を出している。

に混獲された種（随伴種）のほかに、遺跡内や周辺域に生息していた種の死殻（自然遺体）が含まれている。これら有用種以外の、随伴種や自然遺体の多くはゴマ粒ほどの大きさしかない、微小貝類だ。これらはじつに小さな貝だが、それらが堆積した当時の環境を知る指標として絶好の素材である。貝類は種類によって生息域が異なるため、どのような微小貝類が多いかを調べることで古環境の復元が可能になるからだ。

ただし、微小貝類はその小ささゆえ、試料全体からピンポイントで特定の貝種のみを抽出・分類することは困難をきわめる。分析にあたっては、ふるいにかけて抽出したのち、ルーペを使ってひとつずつ手作業で生息地の水域（塩分濃度）、生息深度、底質や付着基盤、生活型によって分類し、類似した生息環境をもつ種類ごとにタイプ分けしていく。

この途方もない作業の結果、中里貝塚では、陸上に棲むものから、潮の干満によって水面から出たり海水につかったりする潮間帯に棲むもの、つねに海水に浸かっている潮下帯に棲むものまで、幅広い種の微小貝類がみつかった（図24）。潮下帯に棲むものは貝層下部に多く（標高一・五メートルから下）、標高三メートル前後になると潮間帯に棲むものが増える。貝層上部では、潮上帯および陸上に棲むものが増える傾向にある。

こうした微小貝類の分析結果からは、貝層が形成された約八〇〇年のあいだに、淡水の影響を強く受ける潮間帯中部より深い内湾泥質干潟から、潮間帯上部のアシ原湿地に、そして潮上帯のアシ原湿地に、さらには陸生（淡水域も併存）へと推移していったことがわかった。これは内湾の泥質干潟が、縄文人による貝殻の大量投棄で埋め立てられることによってアシ原へと変化し、やがては草地や林などの完全な陸地になったことを示している。

この分析結果と第3章でみた貝塚形以前の環境から、縄文人の採貝活動と環境の変遷の関わりはつぎのように考えることができる（図25）。

### ①貝層形成以前（Ⅳ層以前〜約五二〇〇年前）

縄文時代前期の海進によって洪積層が削りだされ、波食台（Ⅰ層）地形があらわれるが、前期末からはじまる小海退（海水面の低下）によって波食台上に砂礫層や砂層からなるⅡ層が堆積する。中期はじめごろに海退がさらに進む

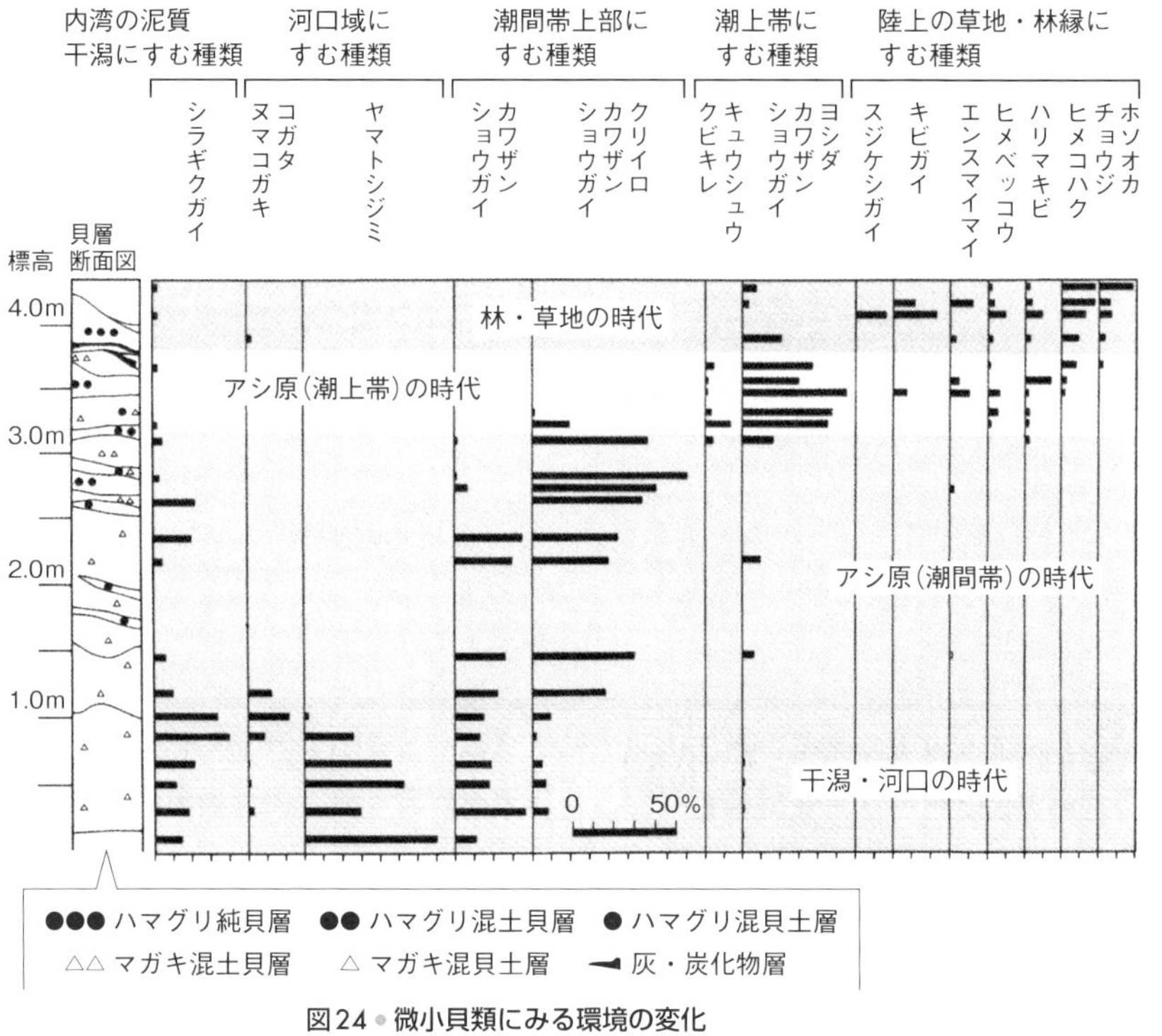


**図24 ● 微小貝類にみる環境の変化**
図中の横棒は、上に記した各微小貝類の占める割合を示す。微小貝類の分析結果からは、干潟・河口の時代からアシ原の時代、林・草地の時代へと、環境が変化していったことがわかる。

と内湾の泥質干潟ができ、マガキ礁が形成される。周辺には、潮間帯中部〜潮下帯の泥底に棲む貝類が自生し、沖合の深場ではオオノガイもみられる。この層位はⅢ層として堆積し、マガキ礁はシルト層（Ⅳ層）によって埋没する。

### ②貝層形成の初期〜前半期（Ｖ‐１層、約五二〇〇〜四七〇〇年前）

縄文時代中期中ごろには、縄文人によってマガキ殻が海側に廃棄されるようになり、Ｖ‐１層の貝層形成がはじまる。貝殻の大量廃棄による海岸線の埋め立てで陸化した後浜には草地ができ、やや低い部分にはアシ原、さらに低い潮間帯付近には新たに小規模なマガキ礁が形成される。Ｖ‐１層下部では、マガキの廃棄遺体と自然遺体が混在していることが推定されるが、上部ではハマグリが少量ながらも連続的に廃棄された様子がみられる。Ｖ‐１層下部からは勝坂２〜３式土器が、Ｖ‐１層中〜上部からは加曽利Ｅ１〜Ｅ２式土器が出土している。

### ③貝層形成の後半期（Ｖ‐２層、約四七〇〇〜四五〇〇年前）

マガキ主体のＶ‐１層をおおうようにＶ‐２層が堆積しつつ、さらに沖側に堆積範囲を広げ、貝層を前進させる。マガキのほかにハマグリが激増し、マガキ主体層とハマグリ主体層が交互に堆積する。またその上部では、ハマグリの純貝層が形成される。シオフキ・バカガイ・アカニシなどもわずかながらにみられるが、マガキとハマグリが圧倒的に多い。同じ層中からは加曽利Ｅ３式土器が出土している。陸化した後浜には草地やアシ原がさらに広がる一方で、貝層末端部（沖側）の潮間帯〜潮下帯にはマガキやサビシラトリが生息する環境が形成された。

## ④貝層形成の終焉期（V-3層、約四五〇〇～四四〇〇年前）

V-3層の時期になると、ふたたびマガキ主体の貝層となる。この段階では広い範囲が陸化し、貝層中から陸生の微小貝類が多量にみつかる。第5章でみるように、貝層中や上面には無数の焚き火跡があり、貝加工の作業が貝層上でおこなわれた結果、破砕されたマガキの層が各所で確認されるようになる。同

③貝層の前進

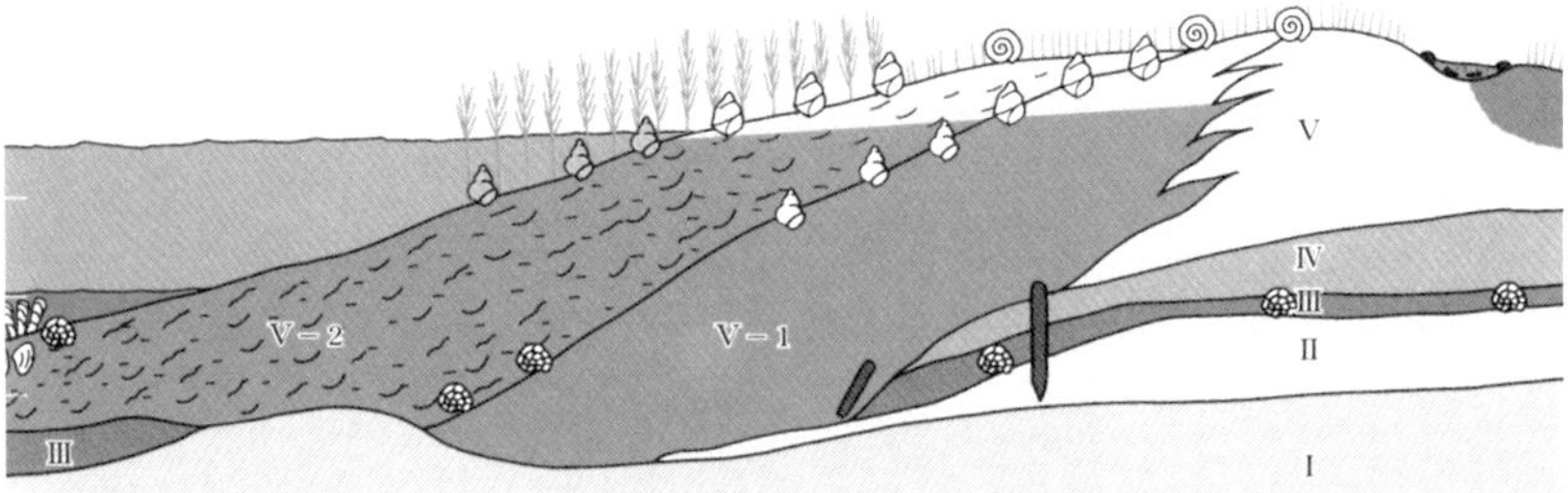


V-2層が形成された時期には、マガキに加えてハマグリも多くみられるようになる。陸化した後浜には草地やアシ原がさらに広がる。貝層の末端部では、当時の潮間帯～潮下帯に生息していたマガキやサビシラトリの自然遺体が多数発見されている。

④形成の終焉

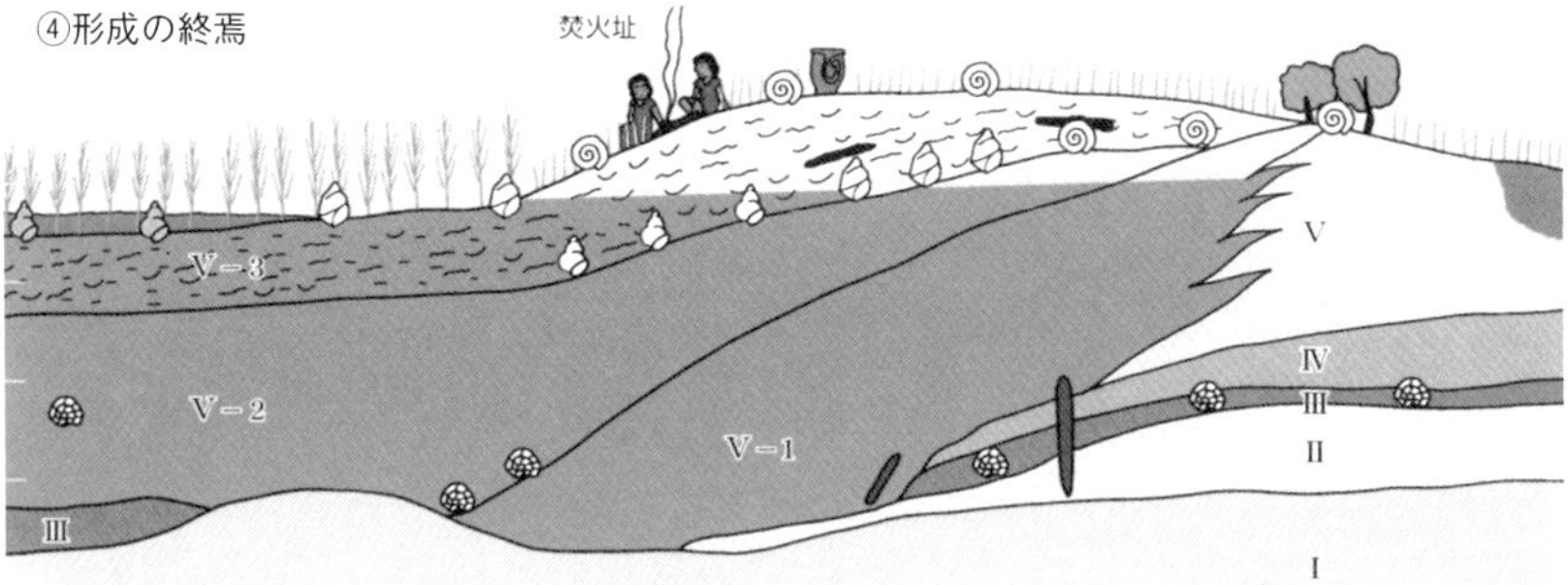


V-3層になると、ふたたびマガキ主体の貝層となる。このころになると、調査区内はほとんど陸化し、焚き火跡が貝層中から多くみつかっている。貝層の上面からは、後期初頭の称名寺式土器が出土しており、貝層形成終了の時期を示している。

じ層中からは加曽利E4式〜称名寺1式土器が出土している。

貝層の形成が終焉した後の縄文時代後・晩期（約四四〇〇〜二七五〇年前）には、河川の流水の影響を受ける環境に変化し、植物化石や砂からなる泥炭地が形成される。泥炭層からは晩期の安行3d式土器が出土している。この泥炭層をおおう暗褐色のシルト層は旧耕作土で、後世、農作地として利用されたことがわかる。

①貝層形成以前

縄文海進の際に、波の力によって削られてできた波食台（Ⅰ層）の上には、海退の際に堆積した礫層や砂層がみられる。中期はじめごろにさらに海が退くと、この付近は泥っぽい干潟となり、カキ礁が形成される（その後、このカキ礁もシルト層（Ⅳ層）によって埋まっていく）。

②貝層の形成

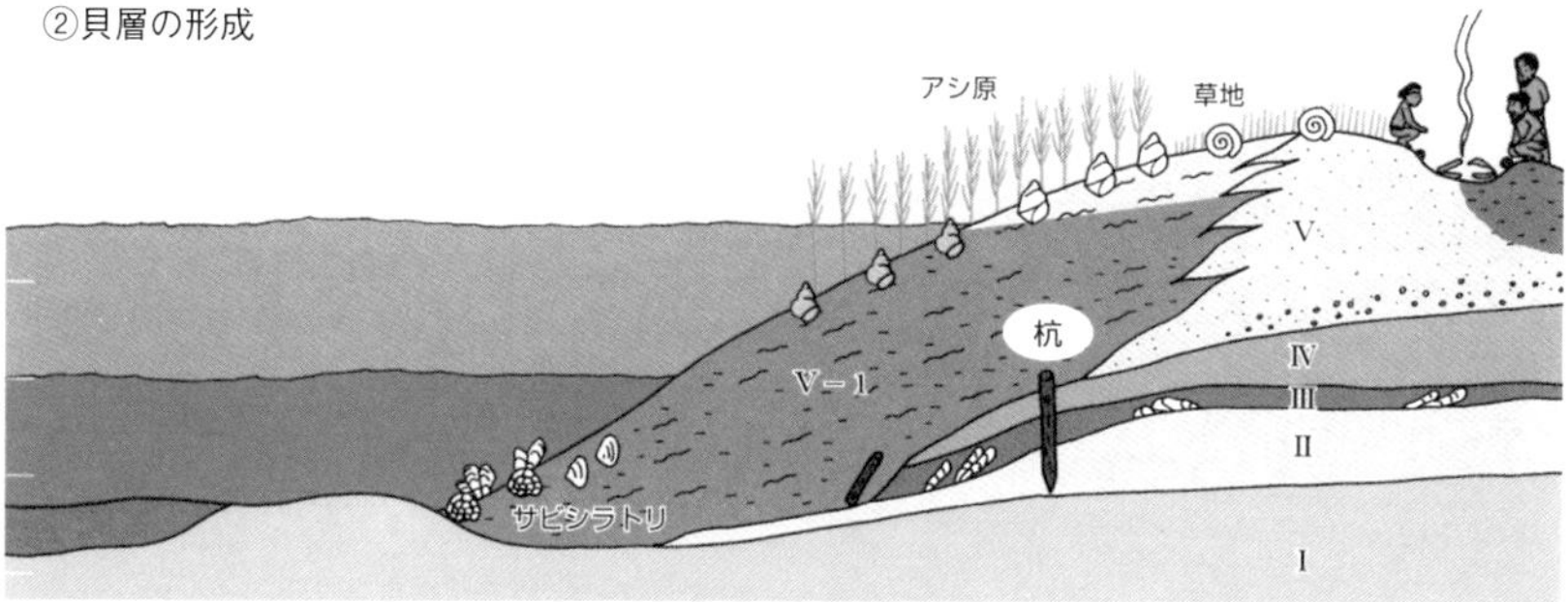


中期中ごろになると、カキ主体の貝層（V-1層）の形成がはじまる。この時期の前後に、シルト層中に木杭が打ち込まれている。貝による埋め立てで陸化した部分は草地となり、やや低い部分にはアシ原、さらに低い潮間帯付近には新たに小規模なカキ礁が形成されている。これと並行して、岸に近い部分では砂の堆積が進み、砂堆が形成される。砂層中には木枠付土坑が構築されており、貝層と同時期に使用されていたと推定される。

**図25 ● 中里貝塚の形成と環境の変遷**
縄文人の浜辺での活動は、徐々に周辺の環境を変化させていったものと考えられる。

# 第5章　縄文時代の水産加工場

## 1　貝のむき身づくり

中里貝塚は縄文時代中期～後期初頭に、当時の海岸線に沿ってつくられた貝塚であった。貝層は長さ六〇〇～七〇〇メートル、幅一〇〇メートル以上におよぶと推定される。みつかった遺構は、分厚い貝層を除けばかぎられ、人工遺物も極端に少ない。マガキとハマグリの貝殻以外、食物残滓も希少で獣骨類はまったくなく、魚骨すらわずかにしか出土しない。

しかし、縄文人がここで大量に貝殻を捨てたのは確かだ。彼らはどのような活動をしていたのだろうか。わずかであるが、大量の貝殻のなかからみつかった遺構から考えていこう。

### 木枠付土坑の発見

分厚い貝層が姿をあらわしてから二カ月がすぎた九月下旬、A地点第2区の第4トレンチで断面観察を進めていると、トレンチの中央付近で、何かしらの材がはさまっているのがみつかった。

その木材を調べるため、サブトレンチを入れ調査が進められたが、折しも台風シーズンを迎え、作業は中断されることとなった。だが、この台風が思わぬ発見をもたらすこととなる。

台風が過ぎ去った朝、トレンチの断面が大きくえぐられるように崩落していて、その底からマガキとともに複数の木材とオニグルミが出土したのである。

これらはいったい何なのか。遺構の広がりを確認するため、トレンチ南側に拡張区を設け、掘り下げていくと、長軸一・三〜一・七メートル、短軸一・二〜一・三メートルの土坑が姿をあらわした（図26）。上部からは多量の木材やオニグルミが、下部からは木材ととも

図26●木枠付土坑
A地点第2区でみつかった2つの土坑。第1号木枠付土坑（写真左側）は、掘り下げると直径1m強の不整円形をしていて、なかから枠どりをするようにめぐらせた枝、焼礫やマガキの貝ブロックが出土した。

に焼礫やマガキの殻のまとまりが出土した。

　下部から出土した木材は、土坑の外縁部にそって原位置をとどめているものもあり、その出土状況から、土坑の内側に組まれた木枠ではないかと推定された。

　そして、木枠内には樹皮や炭化物などの薄い有機物層が認められ、焼礫二一点と貝殻がまとまって収まっていたのである。なお、上部でも樹皮や小枝、炭化物が出土したが、土器はみつからなかった（図27）。

　ただし、追加調査でその南西側からみつかった、もう一基の同様な土坑の直上から、縄文土器片四点と土器片錘三点が出土している。これらはすべて勝坂式土器と併行する時期につくられた阿玉台《あたまだい》式土器であることから、この二基の土坑についても、マガキの採取が主であった貝塚形成初期段階の遺構と推定された。

**図27 ● 第1号木枠付土坑**（北から）
木枠は東側で原位置をとどめる以外は、腐食や流出などの影響で、わずかに形状が把握できるにすぎないものであった。木枠内北西部分におさまるようにしてみつかったマガキの貝殻はボロボロに砕けていた。

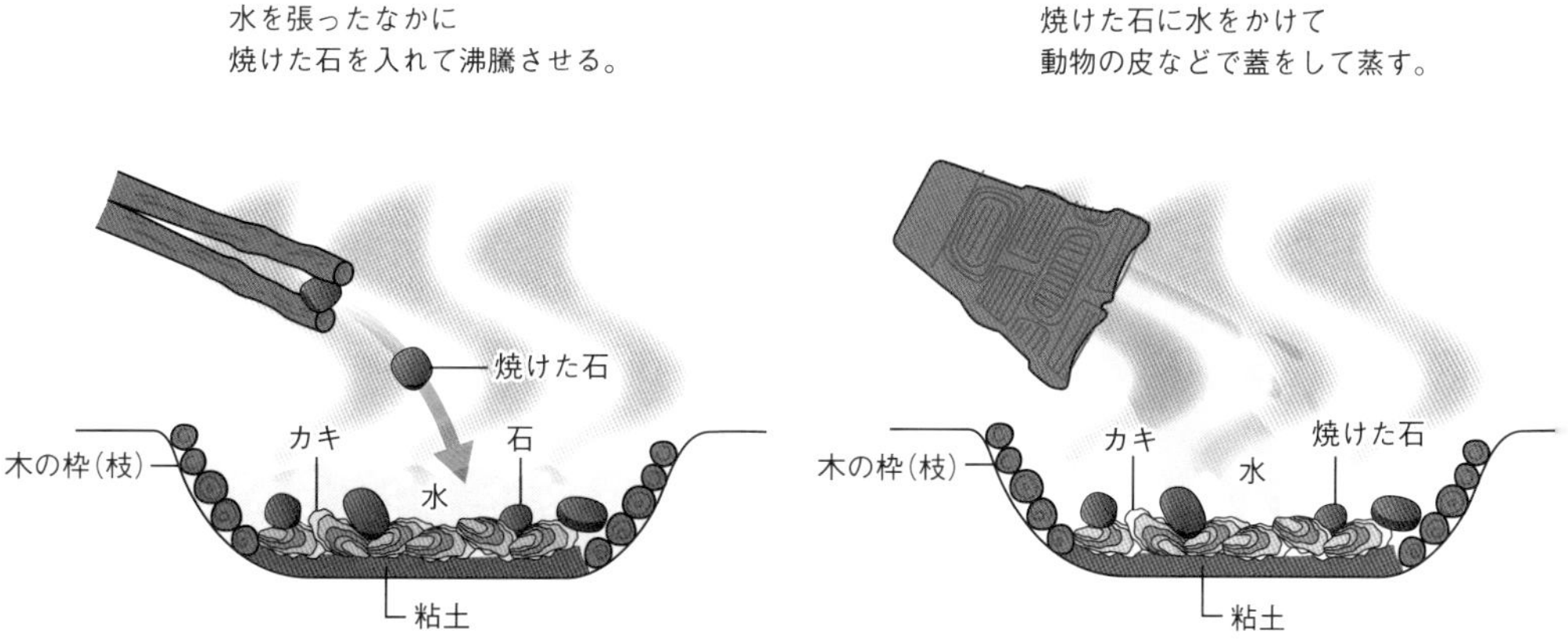


**図28 ● 木枠付土坑の復元模型**（上）**とマガキの推定加工処理方法**（下）
上：出土状況から、木枠付土坑は小判形をした土坑の内側に、径3cmほどの木材を木枠のようにめぐらせていた遺構とみられる。
下：木枠付土坑を使ったマガキの加工処理は、貝をゆでるか蒸すかの2通りが想定される。

## ストーンボイリングの遺構

木枠付土坑と命名されたこれらの遺構は、浜辺のくぼ地を利用して、そこに堆積した粘土層上に設けられた施設で、加熱してマガキの中身をとり出す装置と推定された（図28上）。

その使用方法は、つぎの二通りが考えられる（図28下）。一つは貝をゆでるストーンボイリングである。あらかじめ水を張ったなかにマガキを入れ、そこへ焼石を投入して沸騰させ、ゆで上げる方法だ。もう一つは、土坑のなかに敷いた焼石のうえに貝をならべ、水をかけた後に草木で蓋をする。発生する蒸気を利用して、貝を蒸し上げるという方法だ。つまりは蒸し焼きというわけだ。

殻がかさばる貝類は、むき身にして運搬したほうが能率的だ。そのためには殻から貝肉を手早くとり出す必要がある。土器でゆでるとしたら、処理量は土器の容量に大きく制約を受ける。だがこの木枠付土坑ならば、殻が大きくかさばるマガキも一時にまとめて処理することが可能だ。木枠付土坑は、むき身をつくる手段としてじつに合理的な施設といえる。おそらく周辺に同様の施設がいくつもあって、水産加工場的な空間を構成していたと推定される。

## 無数の焚き火跡

また、A地点では第1区、第2区ともに、焚き火跡がたくさんみつかっているが（図29）、これらもまた貝のむき身づくりに関係する遺構と考えられる。焚き火跡は石組などの構造物をつくらず、地面を浅く掘りくぼめただけの、いわゆる「地床炉《じしょうろ》」だ。焼貝層や灰層、炭化物が集中してみつかっていることから、焚き火跡と考えられる。

焚き火跡には、貝層や砂堆部の上面で平面形が明らかになったものと、トレンチ断面で観察できたものとがあるが、貝層中では灰や炭化物の集中する層の下に焼けた貝の層が顕著で、いずれも短期間に使用されたと考えられる。

砂堆部の上面でみつかった焚き火跡は、長軸八七センチ、短軸七五センチの不整円形をしている。断面形は皿状で、厚さ五センチ程度ときわめて薄い。

焚き火跡は、層厚が二・〇メートルを超すような貝層が堆積する地点の、標高三・五メートル以上の場所でもっとも多くみつかっている。つまり、木枠付土坑よりも後の時代になって、さらに作業効率を重視した結果、重用されたのが特別な構造物を必要としない「焚き火」というきわめて単純な方法だったのだろう。

図29 ● 焚き火跡
第2区の砂堆部上面でみつかった。不整円形をしたもので、黒く変色している。

## 2　謎の遺構

### 整然とならんだ杭

このほかにも縄文人の活動を示す遺構がみつかっている。その一つが杭列である。第1区の貝層の下層からは、八本の杭が出土した。六本は直立状態で、二本は抜けて横たわった状態であった（図30）。これらは貝層の最下層から干潟とみられるシルト層に打ち込まれており（図19参照）、中里貝塚の形成時かそれ以前に営まれたもののようだ。杭の長さは一〜一・五メートルのものが多い。

杭の配置をみると（図31）、杭1と杭5を結ぶラインと杭4・杭2・杭6を結ぶラインは一メートルにも満たない幅であるが並行し、南北をむいている。また、杭3と杭6を結ぶラインは東西をむいており、横位置の杭状の材1が杭1、杭5のライン上にあり、同じく材2は杭3、杭6のライン上に位置している。これらは規則的に配列されたものと推定されるが、調査範囲がせまく、にわかには判断しがたい。

### 養殖説のゆくえ

意図的に配置されたと思われる杭列、これらはいったい何のためのものなのか。杭列の位置は、崖線から一五〇メートル近く離れた当時の沖合に相当し、桟橋や船着き場とするには不都合な場所だ。それらにかかわる構造物も発見されていない。

右：杭４は、Ⅴ層の貝層からⅣ層の暗灰色シルト層にむけほぼ直角に打ち込んでおり、先端はⅢ層の化石マガキ層まで達している。

**図30 ● 杭確認調査区**
第1区南側のトレンチで、無数の大型のカキが付着した杭が3本発見された。その後に設定された杭確認調査区では、さらに5本の杭がみつかっている。

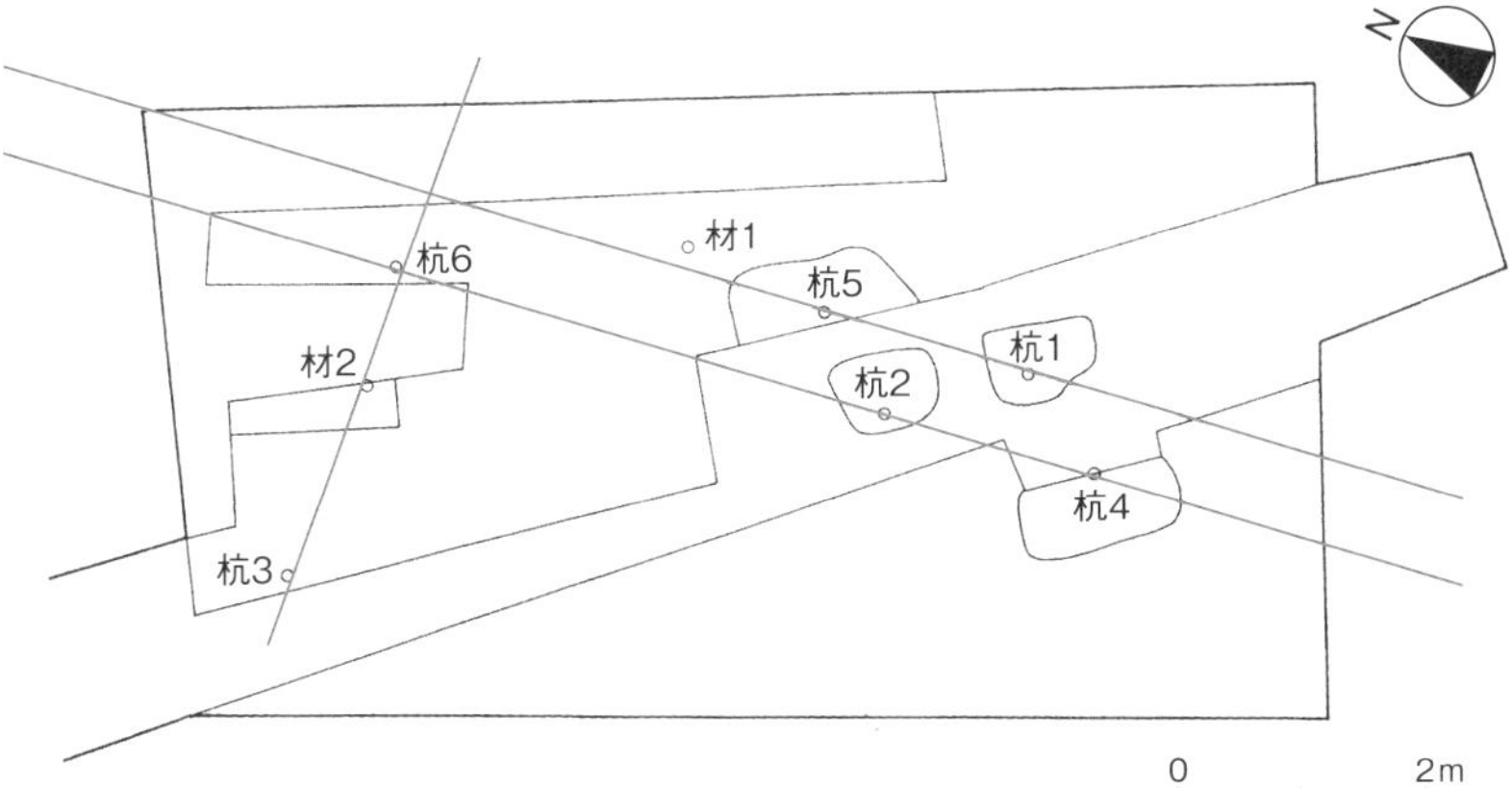


**図31 ● 杭列ライン想定図**
発見された杭は、南北2列、そして東西にもならぶ規則性がみられた。面的に広がるとみられる杭列の用途については、類例も含めて検討しなければならない。

調査当時、この杭の用途に関しては、マガキの養殖に用いられたものと新聞などで報じられた。杭3をとり上げるため、杭に接しているマガキをはがそうとすると樹皮ごとはがれたことから、マガキが杭にしっかりと付着している可能性が考えられたためだ。

杭の周辺には干潟が展開し、マガキが自生する環境であった。杭列の出土状況から想定されるような、干潟に杭を立て干満の差を利用してカキを収穫する方法は、江戸時代から昭和初期までおこなわれた「ひび建て養殖」（干潟に突き立てた木や竹に、カキの幼生を付着させ成長させる方法）や、一九五五年ごろまでつづいた「杭打垂下式養殖」（干潟に一・三メートルほどの杭を打ち込み、貝殻などをぶら下げて生育を待つ方法）などを彷彿とさせるものであった。

各種分析調査の結果から、杭は潮間帯に打ち込まれたものとみられ、マガキの増殖を意図した施設である可能性は否定できない。しかし、杭区での確認調査では、杭の周辺にカキ殻が集中している様子は確認できたものの、そのほかに養殖説を積極的に支持する材料はえられなかった。養殖用以外の貝塚形成にかかわる杭なのか、汀線下の干潟で利用価値のある杭なのか、現段階では断定できない。周辺調査での成果が待たれる。

## 木道と土坑

B地点の調査区南東側、貝層下の波食台上からも、用途が判然としない遺構がみつかっている。土坑とそれにつながる木道だ（図32）。

木道は一本の丸木を半截したもので、半截された面を上にむけ、波食台に形成されたくぼみ

**図32 ● 木道と土坑**
B地点には、A地点でみつかったような砂堆部はなく、波食台はA地点よりも最大2.0m近く高い。木道と土坑は、調査区南東側の標高2.5mの波食台上から出土した。

にすっぽりとおさまっている。木材はコナラ亜属で樹皮も残っている。長さは六・五メートルで、調査区外にものびるとみられる。上面はほぼ水平で、一部に加工痕も確認された。

一方、土坑は木道の根に接し、波食台を楕円形に掘り込んでつくられたものである。規模は南北方向の長軸が三・二メートル、短軸一・七メートル、最深〇・五メートルである。

木道と土坑からは、土器一一点、土器片錘二点、イタボガキ一点、木道を含む加工材五点、石器二点のほか、三一三点の礫が出土した。また、このほかに土坑内からは、トビエイ、メジロザメ、イヌの歯が出土している。メジロザメとイヌの犬歯は二点ずつで、そうしたとり合わせは自然の遺骸とは考えがたい。なんらかの意図のもとに持ち込まれたものと推測される。

出土状況から、木道は土坑までの通路としての足場の確保や目印であったものと考えられるが、その土坑の用途は特定できていない。内部にあった貝類の分析によると、干潮時でも海水が残る潮だまりであったようだ。海水が浸入する海岸でなんらかの活動をした様子が想定されるものの、その詳細は依然として謎のままである。

## 3　貝類に特化した水産加工

### くり返されたむき身づくり

以上、A地点第2区の砂堆中よりみつかった木枠付土坑はマガキの加工処理施設と考えられ、この施設を使って縄文人は水揚げした貝の肉をその場で殻からとり出したのだ。焚き火跡も同様に、貝類の加工処理に用いられたのであろう。木枠付土坑が貝層形成初期段階のみの遺構であるのに対して、焚き火跡は全段階でみつかっている。ごく初期を除いて焚き火という単純な方法が用いられたのは、土器を持ち込まずにすむ簡便さと作業スペースを確保しやすいといった利便性にあったのだろう。

貝層の堆積状況は、むき身づくりをした後に貝殻を眼前の干潟に投棄しつづけ、投棄された貝殻によってしだいに干潟が埋め立てられていった様子を示す。そして堆積域の拡大は新たな活動スペースをつくり出し、焚き火による処理作業はそのつど、より海に近い潮上帯の貝層上に移動しておこなわれ、くり返されたと考えられる。

## 中里貝塚の貝類・台地の貝塚の貝類

ここであらためて貝塚の貝類の組成をみてみよう。

Ａ地点の一一カ所で貝層から試料を採取し、貝類組成を分析した。採取試料からは、巻貝類が三五科七三種、二枚貝類が一五科二四種、同定されたが、全九七種のなかで食用種は二〇種程度にすぎない。全体の約

**図33 ● 中里貝塚出土のマガキとハマグリ**
出土貝殻をあわせて持つと、大人の掌いっぱいに広がる大きさをしている。

八割を占める非食用種はさきにも述べたマガキにともなって混獲された種（随伴種）、もしくは貝塚の周辺域に生息していた貝類の死殻（自然遺体）である。

食用種は、ハマグリ・マガキ・シオフキ・バカガイ・アカニシ・ハイガイ・サルボウ・アサリ・オオノガイ・オキシジミ・ヤマトシジミなどであるが、ある程度の検出量が得られたものはさらに限られる。総量ではマガキとハマグリが卓越しており、この二種がほとんどを占める（図34）。

一方、崖線側台地上の西ケ原地域には、縄文時代中期後半を中心とする時期の集落遺跡が発掘調査されている。勝坂式期の七社神社《ななしゃじんじゃ》裏《うら》貝塚、加曽利E式期の西ヶ原貝塚や御殿前《ごてんまえ》遺跡、東谷戸《ひがしやと》遺跡の四遺跡が知られ、東谷戸遺跡をのぞく三遺跡から、わずかながら貝層をともなう遺構がみつかっている（図35）。

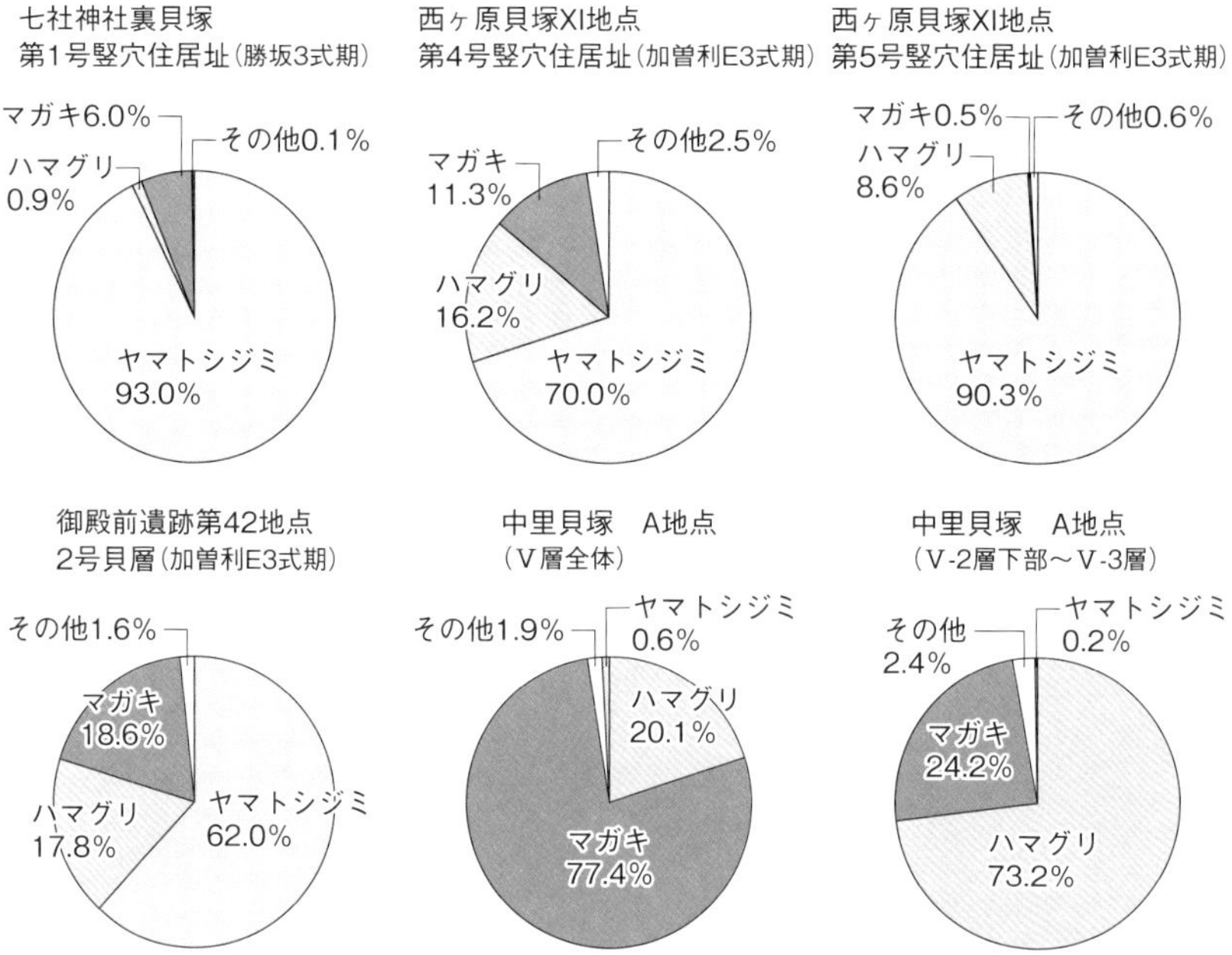


**図34 ● 食用貝類の組成比較**
中里貝塚ではハマグリ、マガキがほとんどを占めているのに対して、西ケ原地域の七社神社裏貝塚、西ヶ原貝塚、御殿前遺跡ではヤマトシジミが多い。

七社神社裏貝塚では、下層から上層にいたるまで一貫してヤマトシジミが独占する様相を呈し、マガキとハマグリはごく少量であった。

西ヶ原貝塚では、住居址二軒で貝類組成が判明しているが、ここでもヤマトシジミが大半を占め、ついでハマグリ、マガキの順である。

また御殿前遺跡では、下層がヤマトシジミ、上層にはハマグリやマガキを主体とする斜面貝層がみつかった。全体の組成率ではヤマトシジミが六二・〇パーセントであるのに対して、マガキ一八・六パーセント、ハマグリ一七・八パーセントと、ヤマトシジミが卓越している。

このように集落遺跡の貝類組成は、勝坂式期と加曽利E式期という異なる二時期においてもヤマトシジミが優占し、ヤマトシジミだけで九〇パーセントを超える高い比率も認められる。

これに対して中里貝塚では、縄文時代の貝層（V層全体）でマガキが七七・四パーセント、ハマ

**図35 ● 七社神社裏貝塚の住居内貝層**
廃絶された住居内に残された貝層。多様な出土遺物がみられる。

グリが二〇・一パーセントを占めている（図34）。ヤマトシジミもV－1層下部でみつかっている（〇・六パーセント）が、これらは自然遺体で食用対象にはならないものだ。なお、縄文時代の貝層のうち、V－1層を含まないV－2層～V－3層では、逆に七三・二パーセントといった具合にハマグリの比率が上昇し、マガキは二四・二パーセントまで低下する。この組成率は、V－2層のハマグリ主体層の様相を反映したものと考えられよう。

いずれにしてもマガキ・ハマグリの二種の合計は九七パーセントを超えており、このような貝類組成におけるハマグリとマガキの占有率の高さは、A地点以外の調査地点でも共通している。中里貝塚では、マガキ・ハマグリの二種のみを選択して採取していたことは明らかである。

## どのようにして消費されたのか

採取したマガキとハマグリを、縄文人はどのように消費したのだろうか。足の早い貝類のことである。膨大な量にのぼるこれらの貝が、生食用として日々の食卓に供されたとは考えづらい。おそらくは、とり出された貝肉は干し貝に加工処理ののち、集落へと運び込まれ、調味料として消費されたのだろう。

干し貝は、天日干しした乾物の一種で、乾燥によって旨味成分が凝縮された加工品である。生の肉とくらべて消費期間を長期化でき、軽くなることで持ち運びも容易になる。マガキやハマグリは、貝肉が美味なのはさることながら、肉量が多く、まさに干し貝むきの貝種だ。選択的に採取されたこともうなずけよう。縄文人の作業を整理すると、つぎのようになる。

①マガキやハマグリを採取し、浜辺で殻から身をとり出す。
②とり出した貝肉は、その場で天日干しする。
③殻などの残滓は、前面の海岸線に廃棄し、でき上がった干し貝のみを集落へと持ち帰る。

中里貝塚とはすなわち、貝類の加工に特化した縄文時代の水産加工場だったのであり、このような作業のくり返しにより巨大貝塚へと成長していったものと考えられる。

## 4　計画的な採取と資源の保全

### キャッチメント・エリア

縄文人がこだわりをもって採取しつづけたマガキとハマグリは、いったいどこで採ったものだったのだろうか。

マガキとハマグリの生息域は異なり、マガキ礁が奥まった閉鎖的な泥底域、ハマグリは開放的な内湾の砂泥底域である。つまり、マガキは泥深い干潟に、ハマグリは外海に面したきれいな砂浜に棲む。遠方へそれらを採取に行ったのでは手間がかかりすぎるし、貝塚の形成は、なにもこの場所でなくてもよかったはずだ。

そのことから中里貝塚周辺には、泥質干潟とその沖合側に砂質干潟が広がる水域環境が展開していたと想定される。田端微高地と飛鳥山微高地にはさまれた内湾地形が、その水域に相当するとみてよいだろう（**図14参照**）。縄文人のキャッチメント・エリア（資源調達範囲）は、貝塚付近のマガキ礁と、より遠方のハマグリが棲む砂質干潟から構成されていた可能性が高い。

しかし、八〇〇年にもおよぶ形成期間をとおして、マガキとハマグリの貝資源が枯渇することはなかったのだろうか。

マガキは固いものに付着して成長する特徴があり、干潟ではマガキ同士が付着しあい、大きな塊（カキ礁）を形成する。そのため、これらを縄文人が手で個別に採取することは困難であったようだ。ウネナシトマヤといった混獲種が多く認められることから、マガキは礫器などを用いてカキ礁ごと採取した様子がうかがえる。一方で、現代の潮干狩りの様子からもイメージされるように、ハマグリはその場で一つひとつ選別しながら採取することが可能である。出土ハマグリには傾向があり、そこからは採貝活動に厳格なルールがあったことが読みとれる。A地点採取試料をもとに、縄文人による資源管理の実態をさぐってみよう。

## 季節ごとに規則正しく採取

ハマグリの貝殻には、樹木の年輪のように、成長にともない縞状の模様（成長線）が日周期で形成される（図36）。この成長線のあいだの幅を観察し、成長量の落ちる冬を特定し、そこから腹縁（貝殻の縁部分）までの本数を数えることにより、貝が死亡した、つまりはその貝が採取された季節や成長速度を明らかにすることができるのである。

A地点の貝層から抽出した貝殻をこの方法にて分析した結果（図37）、ハマグリの採取季節は、V－1層～V－2層では春～夏前半に集中し、V－3層では春～秋へと分散することがわかった。一方、マガキの採取の季節性は明らかではないものの、V－2層においてハマグリと互層となっている様子から推測すると、ハマグリとは異なるスケジュール、つまりは秋～冬に採取したと考えられる。

現代においても、マガキの採取季節は、産卵時期の五～八月を除く、晩秋～冬季が中心である。生息域および漁期の異なるハマグリとマガキが互層をなす貝層の堆積構造は、季節ごとの採貝活動を規則正しくおこなっていたことを示している。

またハマグリの成長速度は、「初期の成長は早いが年齢を重ねるごとに成長が鈍り、結果として殻が小型になるタイプ」と「初期成長は遅いが年齢を重ねても順調に成長しつづ

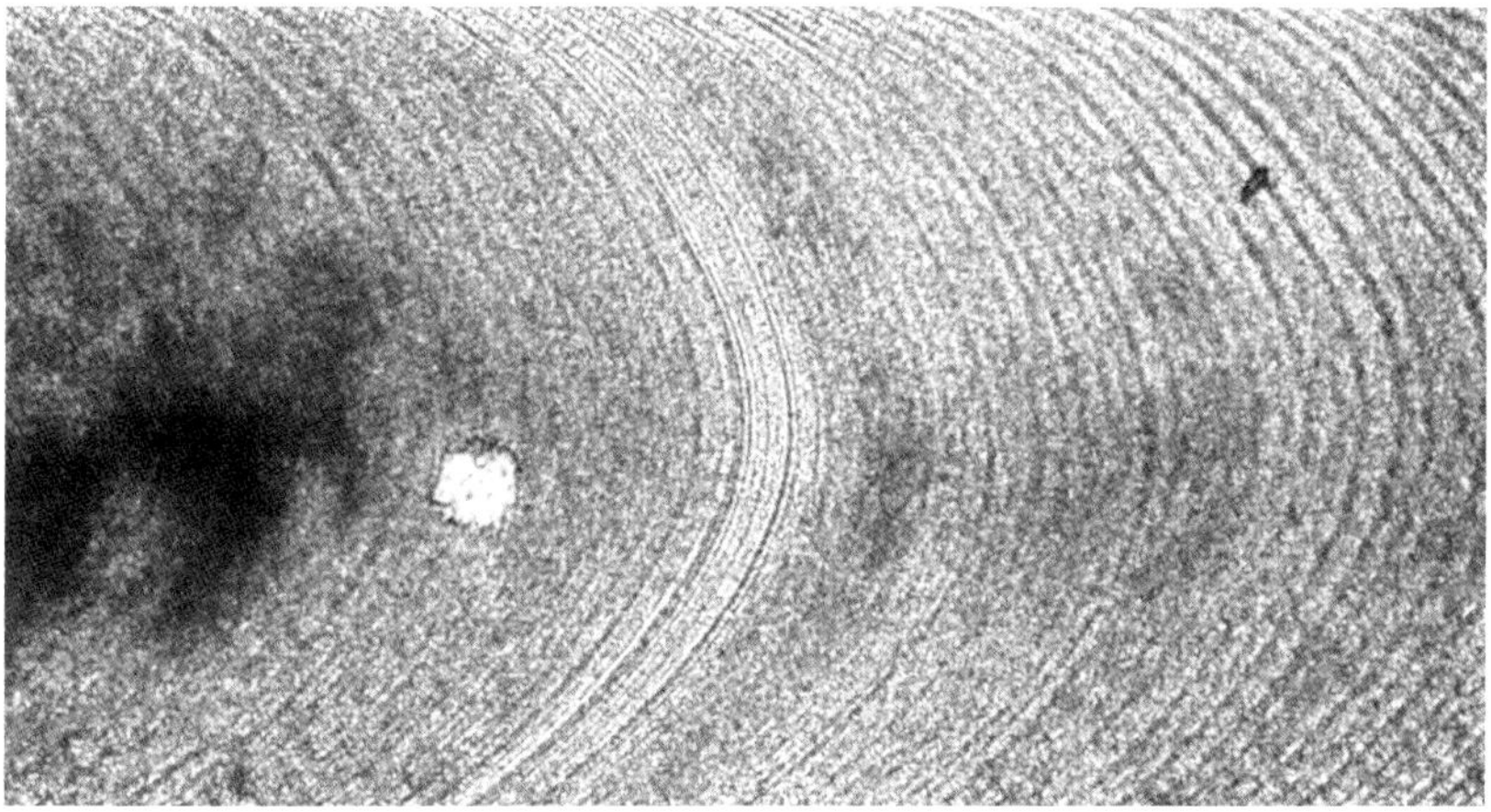

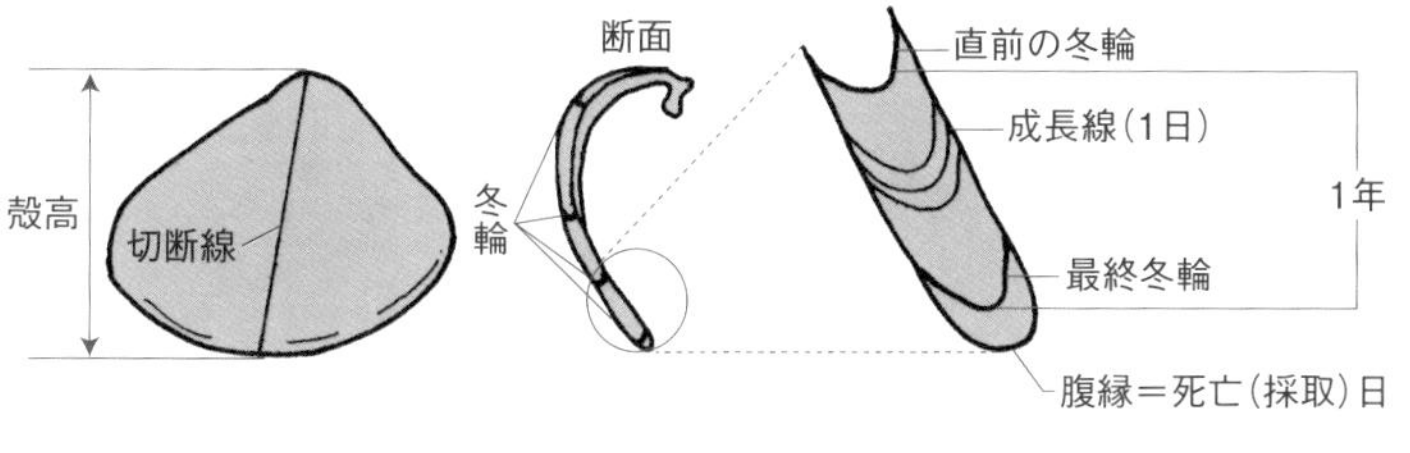


**図36 ● ハマグリの成長線**（上）**と成長線分析**（下）
樹木の年輪のようにみえる細かな筋が成長線。1日につき1本、刻まれる。貝の成長が遅くなる冬季には間隔が密となる（冬輪）。冬輪の本数からは年齢を、また最終冬輪から腹縁までの成長線の本数からは、採取季節を推定することができる。

ける大型タイプ」が認められた。ただし、前者はV－2層下部でのみ認められるものだ。大多数を占めるのは後者のパターンであり、いずれも近似した成長曲線を描いている。このことから、中里貝塚のハマグリは比較的安定した環境条件下に生息したと推測されよう。

## 小さな貝を採取しないルール

ハマグリの殻高（貝殻の上端から下端までの長さ）を、V－2層を中心に、V層全体をとおして計測したところ、殻高は地点や層準にかかわりなくほぼ三〇～六〇ミリのあいだにおさまり、平均値やピークは三五

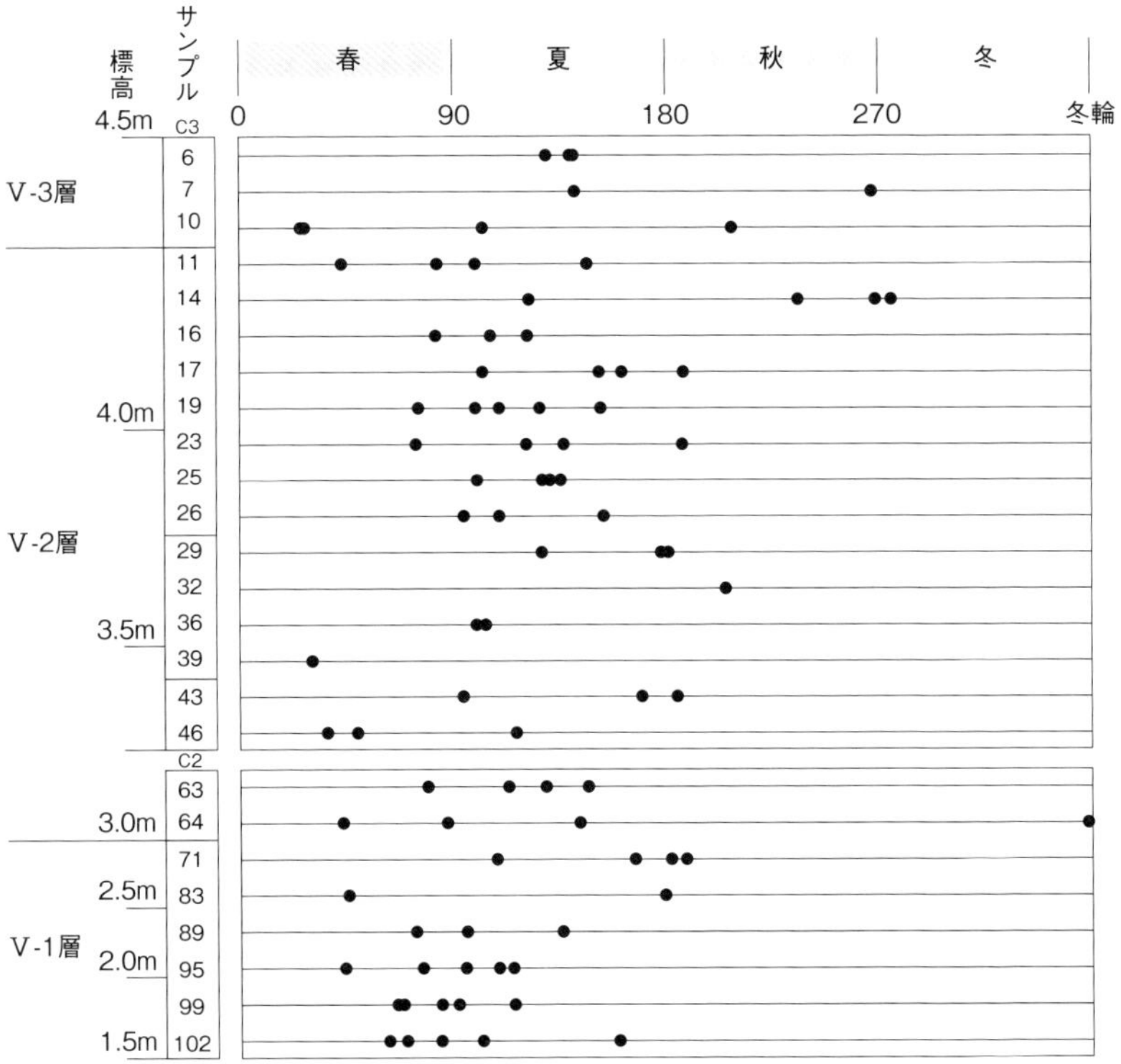


**図37 ● ハマグリの採取季節**
春から夏に採取したものが多い。ハマグリは成長につれて深場へ移動する。潜水をともなうこともある大型個体のハマグリ漁は水温が上昇し、日中の干満差が大きくなる春から夏が最適であり、採取季節の分析結果は整合的といえる。

〜五〇ミリ前後の範囲であることがわかった（図38）。全体的に大型の個体が多く、なかには六〇ミリを超える個体も散見できる。最大の特徴は三〇ミリ以下の小型の個体がほとんど含まれない点だ。西ケ原地域に広がる集落遺跡では、小型個体も多く含まれるのとは対照的だ。

このようなまとまりのあるサイズ分布は、縄文人による選択的漁獲を裏づける。ただし、主体となるサイズには層位により変化があり、殻高分布は一様ではない。Ｖ層全体の殻高平均値の推移をみると、Ｖ－１層下部〜中部では平均約四〇ミリから、五〇ミリへとしだいに大型化する。それがＶ－１層上部〜Ｖ－２層では、四五〜五〇ミリ前後の大型の層準と、三五〜四〇

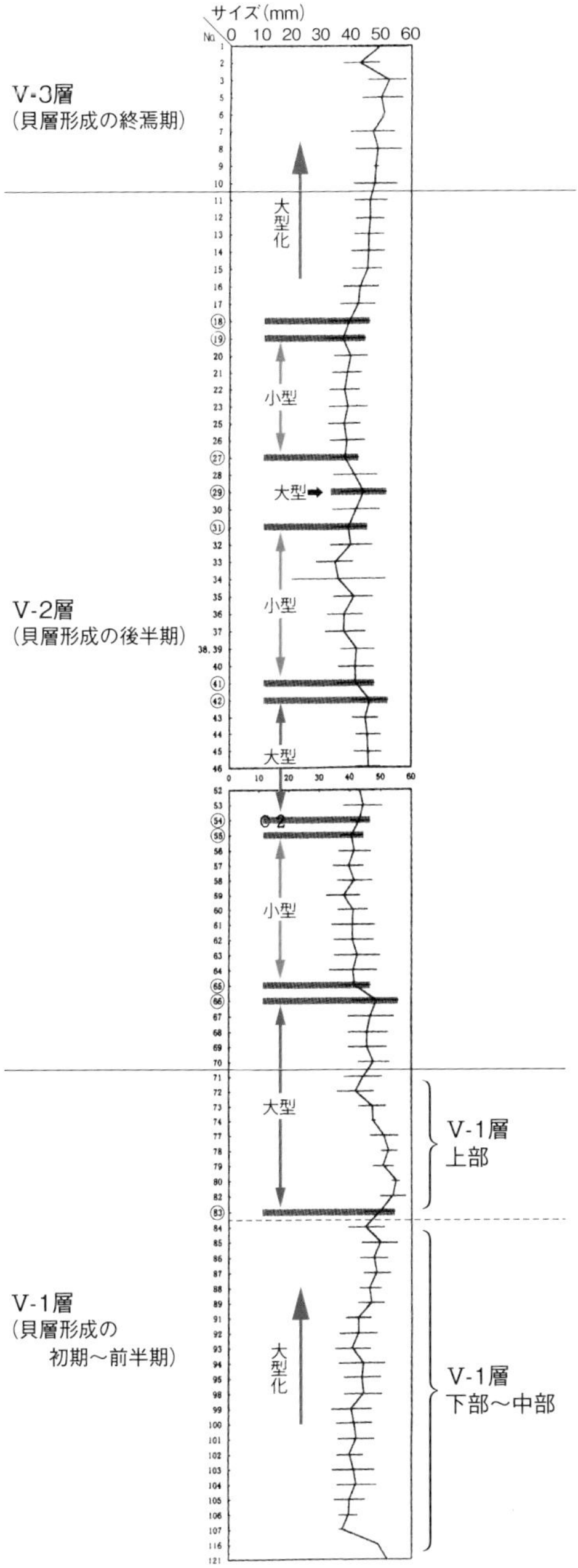


**図38 ● ハマグリの殻高平均値の推移**
Ｖ層全体の殻高平均値の推移をあらわした図。大型と小型がくり返し出現している。

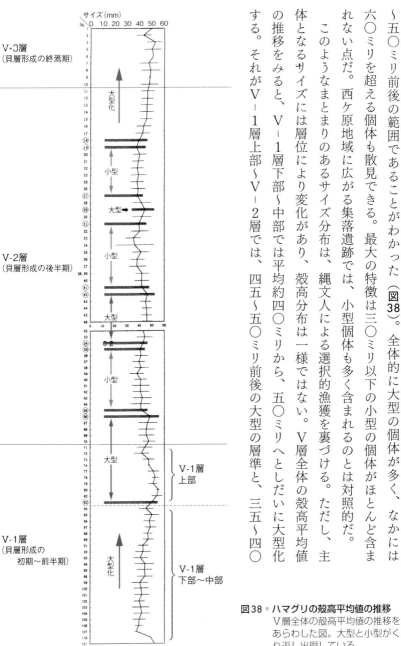

ミリ前後の小型の層準がくり返して出現する。そしてV－2層最上部～V－3層では約四〇ミリから五〇ミリへとふたたび大型化している。

このような殻高分布の変動は、ハマグリの出現率が高いと小型化し、出現率が低ければ大型化する傾向にあり、人間による捕獲圧が影響を与えたものと理解できる。しかし、捕獲圧が強まるにつれて大型の個体が減少しても、殻高三〇ミリ以下の小型の個体は産出しない。漁獲に関して強い規制がかけられていた様子がうかがえよう。

またマガキについても、Ⅲ層（化石マガキ礁＝自然遺体）とV層から採取した貝殻を対象として殻高分析がおこなわれている。Ⅲ層では、殻高五〇ミリ以下の若い貝が大部分を占め、わずかに成貝（最大で一〇〇ミリ前後）が加わる。ピークは二〇～三〇ミリ付近にあり、平均値も三〇～三五ミリと小さいものであった。また化石マガキ礁が良好な状態で保存されていた地点では、二〇ミリ以下の幼貝が多くみられ、自然遺体群の特徴をよく示している。

それに対してV層では、部分的ではあるが、優に一〇〇ミリを超える大型個体が多く含まれる層が明確に出現する。また五〇ミリ以上の個体が、ある程度の比率を占める点が特徴であり、平均値も四〇ミリ前後、またはそれ以上と、化石マガキ礁よりもやや大きい傾向にある。ハマグリほど顕著ではないにしても、マガキもある程度の選択を受けていた可能性が考えられる。

## ルールを守るということ

貝の年齢でも検討してみよう。貝殻成長線分析を応用して、各層の満年齢時殻高を割り出し、それらをハマグリの殻高分布と比較すると、それぞれの時期におけるハマグリの年齢構成を推定することができる。

それによると中里貝塚のハマグリは、二〜五歳もしくはそれ以上の個体から構成されており、ピークは三〜五歳のあいだであることがわかる。年齢構成には層位による変化も認められ、マガキが卓越するＶ－１層・Ｖ－３層では四〜五歳以上の個体が多く、ハマグリが卓越するＶ－２層では三歳前後の若い個体が中心となるが、いずれにおいても二歳未満の若い個体がほとんどない。

多少の差はあるものの、小さい貝とはすなわち若齢個体であり、生殖年齢に達していない可能性が高い貝である。縄文人は、つぎの世代に貝資源を残すため、意図的にこれらの貝を採取対象から外していたということなのだろう。

地点を変えながらも八〇〇年もの長きにわたって、漁場を失うことなく採貝活動をつづけることができた背景には、豊かな海があったことは確かだが、縄文人による不断の努力もあったことがわかる。採取季節を限定し、かつ若齢個体を除外した採貝活動からは、限られた資源を枯渇させないように徹底しておこなわれた資源管理の実態が垣間みえよう。

二〇一五年九月の国連総会で採択された「ＳＤＧｓ（持続可能な開発目標）」の一七の目標のひとつに「海の豊かさを守ろう」がある。およそ五二〇〇年前の貝塚形成初期から、この地の縄文人は、厳格なルールでもって、海の豊かさを守りつつ、持続可能なかたちで貝資源を利用していた。現代人が見習うべきサステナブルな暮らしがそこにはあったのである。

# 第6章　内陸に運ばれた干し貝

## 1　中里貝塚をつくった集落

### 巨大貝塚が意味するもの

中里貝塚は、いかにして日本最大規模の貝塚になったのか。

中里貝塚の貝層は、前述のように、縄文時代の汀線にそって最大七〇〇メートル、幅は一〇〇メートル以上で帯状に連なるとみられる。その面積は仮に幅一〇〇メートルとすると、約六万一八〇〇平方メートルになる。またその貝層は、貝塚本体とする中心部分が二・〇メートル〜四・五メートルと厚く、沖合側が二・〇メートル以下と薄くなるが、仮に平均層厚一・五メートルで試算すると、総体積は約九万二七〇〇立方メートルにものぼるとみられる。

これは、関東地方最大級とされる曽谷《そや》貝塚（千葉県市川市）や加曽利貝塚（千葉市）などと比較しても、一〇〜二〇倍の体積を有すると推定される。しかし、中里貝塚とそれらの貝塚の継続期間に大きな差はなく、両者の差は消費量の大きさによるものと推測せざるをえない。中里貝塚の大きさとは、貝類の消費に関与した人口の多さとみなせるのである。

## 近くのムラ

では、貝類の消費に関与した人口とは、どのような人たちだったのだろうか。

第5章でもふれたように、中里貝塚に近接する台地上には、七社神社裏貝塚や御殿前遺跡、西ヶ原貝塚などによって構成される西ヶ原遺跡群がある。また谷田《やた》川に面した緩斜面地には東谷戸《ひがしやと》遺跡があり、中里貝塚が形成されたのと同時期の集落が確認されている（図39）。中里貝塚とこれら集落とはどのような関係にあったのだろうか。縄文時代中期集落の動向を出土土器の型式を軸にみてみよう（図40・45参照）。

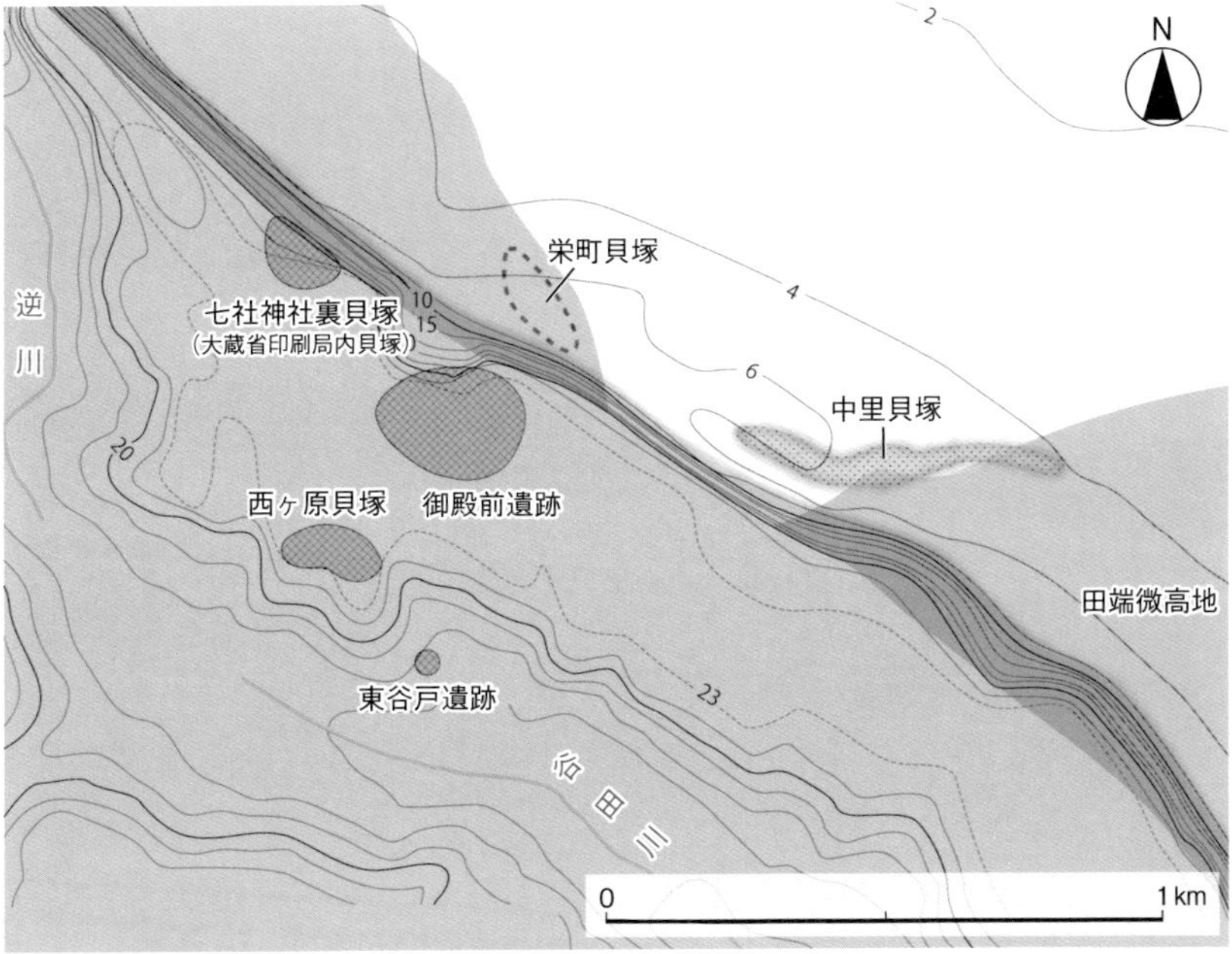


図39 ● 中里貝塚がつくられた時期の集落遺跡
西ヶ原遺跡群は標高20〜23mの高台に位置する。中里貝塚とは崖線をかいして近接する。西ヶ原遺跡群の南側には谷田川が流れており、その谷田川に面した緩斜面に東谷戸遺跡がある。

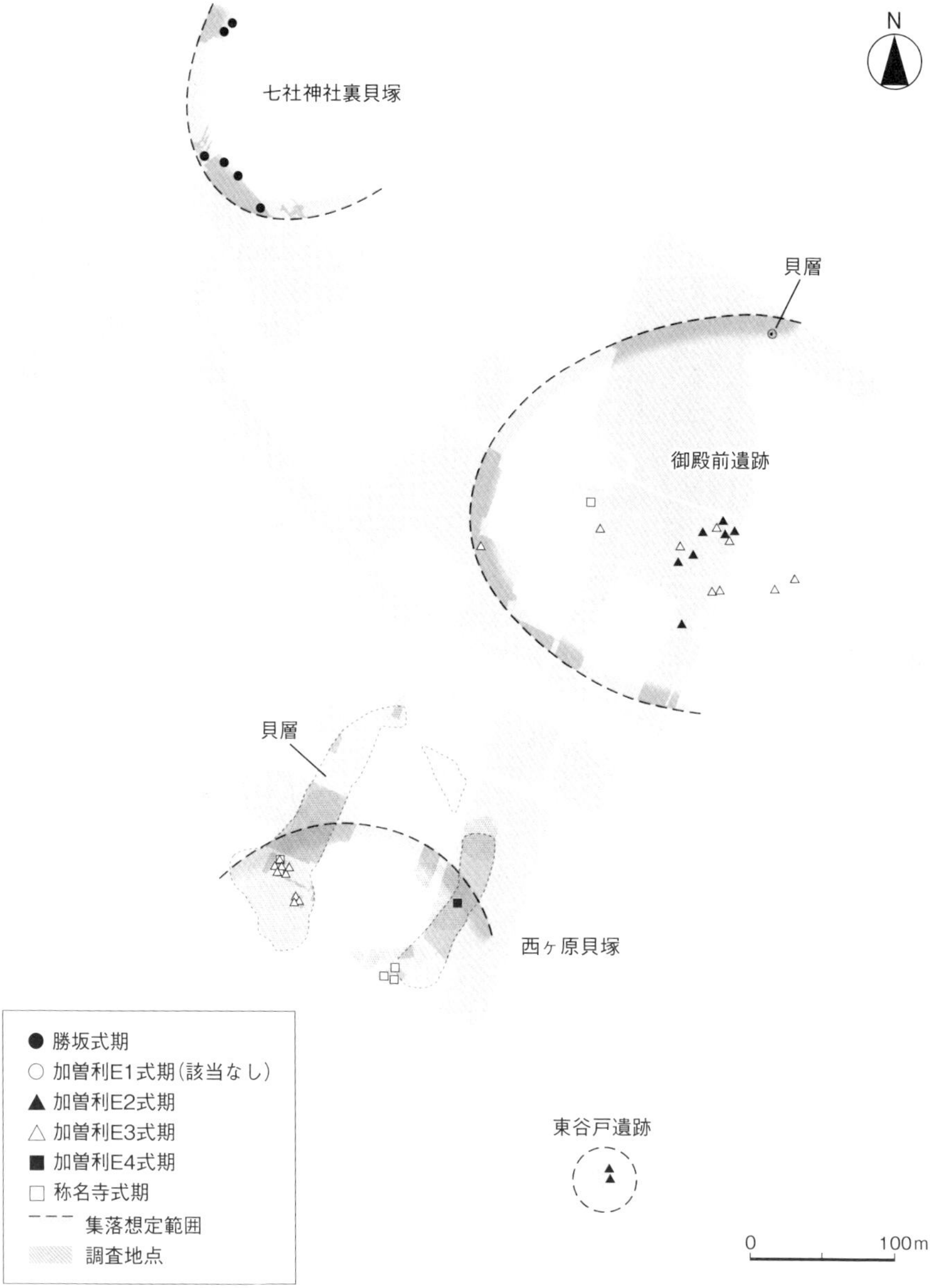


**図40 ● 西ケ原地域の集落遺跡の広がりと形成時期**
当地域では、少しずつ中心とする時期をたがえながらも、中里貝塚と併行する時期の集落が複数確認されている。しかし、いずれも集落規模は大きなものではない。

## 崖端部に営まれた集落

最初の段階は、七社神社裏貝塚で確認されている。七社神社裏貝塚は西ケ原地域の集落のうちもっとも北寄りにある。

一九九二年調査の第1地点では、縄文時代中期の住居址三軒がみつかった。そのうちの一つ、第一号竪穴住居址の覆土中には貝層があった。サンプル採取による分析では、貝類組成の約九割がヤマトシジミであり、つぎにマガキおよびマガキにともなうウネナシトマヤ、これにハマグリが若干混じる程度であった。貝類以外では魚類、鳥獣類骨が含まれていた。魚類ではウナギがもっとも多く一七パーセントを占め、コイ科、スズキ、クロダイ、ウグイが各一〇パーセント前後でこれにつぐ。鳥獣類は魚類とくらべると出土量自体は少ないが、シカ、イノシシ、タヌキなど七種の哺乳類が確認されている。

出土した土器は勝坂式土器を主体とするが、そのなかでも終末期段階のものが多く、これに併行する阿玉台式土器も含まれていた。

第1地点以外では、一九六八年の大蔵省印刷局滝野川工場（現・独立行政法人国立印刷局東京工場）構内西端の調査で、覆土中に貝層が形成された中期の住居址一軒がみつかっている。貝類組成の詳細は不明だが、ヤマトシジミを主体とするものであったようだ。勝坂式から加曽利E1式の土器が出土している。

これら二カ所の調査地点の周囲では、ほかにも調査がおこなわれているが、縄文時代中期の遺構はわずかであった。未調査部分はあるものの、集落範囲が大きく広がらないことは明らかである。ここに展開したであろう縄文時代中期の集落は、勝坂式から加曽利E1式期を主体とする小規模な集落であったとみられる。

## 台地上に広がる集落

つづく加曽利E2式からE3式土器の段階では、七社神社裏貝塚付近より南東へ五〇〇メートルほど離れた御殿前遺跡に集落域が移され、規模も大きくなる様子がみられる。

御殿前遺跡は、旧石器時代から近世にいたるまでの複合遺跡で、奈良・平安時代の建物跡は、武蔵国豊島郡の郡衙（地方役所）に推定されている。縄文時代の遺構は、一九八二年より「農業技術研究所」跡地において実施された調査で、前期から後期にかけての時期の住居址が検出されているが、それらのなかでも中期のものがもっとも多い。遺構検出範囲は、調査区外へも広がりをみせていることから、御殿前遺跡は、当地域における縄文時代中期集落の中心的な存在であったとみえる。

だが古くより「西ヶ原農事試験場構内貝塚」として知られてきた遺跡であるにもかかわらず、また多くの住居址が検出されている割に貝塚の形成は低調だ。この調査では、中期の住居址に重複して掘り込まれた直径五〇センチほどの土坑の覆土中に、貝ブロックがみつかっているにすぎない。

なお二〇一四年から翌年にかけておこなわれた調査でも、縄文時代の斜面貝層が検出されている。近代の土坑により壊されており、ごく一部のみが遺されていたにすぎないが、周囲には広がっておらず、規模の大きいものではなかったと考えられる。斜面のなかほどから下側ではヤマトシジミを主体とする層が堆積し、上部ではハマグリやマガキを主体とする層が堆積している。このほか、シオフキ、アカニシ、サルボウ、ハイガイなども含まれるが、魚類、鳥獣類骨は微量であった。土器は、大半が貝層直下から出土しており、貝層中からは少ない。いずれも中期後半のもので、貝層形成時期は加曽利E3式期とみられる。

## 谷田川に面した緩斜面に広がる集落

同時期の住居址は、御殿前遺跡よりやや南西方向に離れた、西ヶ原貝塚や東谷戸遺跡でもみつかっている。

西ヶ原貝塚は谷田川によって開析された小支谷の谷頭をかこむように形成された馬蹄形貝塚である（図40）。東西約一五〇メートル、南北約一八〇メートルにおよび、縄文時代中期後半〜晩期に形成されたとみられている。もっとも中里貝塚に併行する時期に、集落や貝層が形成されたのは、貝塚が馬蹄形に展開するうちのごく一部にかぎられるようだ。御殿前集落からは、南西方向に三〇〇メートルほど離れた位置で、ここより南側は緩斜面になっている。

二〇〇二年に貝塚の南西端部（第XI地点）で実施された調査では、中期および後期の住居址などの遺構や貝層がみつかった。このうち中期後半段階においては、加曽利E3式期の住居址三軒、詳細不明ながら加曽利E式段階と想定される住居址一軒が検出されている。

加曽利E3式期の住居址二軒は、貝層をともなったものであった。貝層のサンプル採取による分析では、中期後半段階の貝類組成の約九割をヤマトシジミが占め、ハマグリ、マガキ、ウネナシトマヤ、少量ながらハイガイ、オキシジミ、シオフキ、サルボウなどが含まれる。この時期のハマグリは、後期以降のものと比べると小型のものが多い。貝類のほかには魚骨、鳥獣類骨もみられた。

加えてこの調査地点の東側、区立中学校の敷地内からも加曽利E式期の貝層が検出されている。またその数十メートル南の寺院付近でも加曽利E式期の貝層が確認されている。ところが一方で、貝塚の東側では大規模な発掘調査がおこなわれているにもかかわらず、中期の遺構は加曽利E4式期の住居址が一軒検出されているにとどまり、それ以前の加曽利E2式からE3式期の土器も少量しか出土していない。

この西ヶ原貝塚の南東二〇〇～三〇〇メートルといった比較的近接した位置の、谷田川の谷に面する緩斜面に立地するのが東谷戸遺跡である。標高は一五～一六メートルで、西ヶ原遺跡

**図41 ● 東谷戸遺跡出土の土偶**
縄文時代後期（堀之内式期）の土坑からみつかった。身長は約26㎝。おなかの膨らみがないことから母体をあらわしてはおらず、再生への祈りをこめた神像としてつくられたと考えられる。中里貝塚終焉後の集落の様子がうかがえる貴重な資料である。

群よりも七〜八メートル低い。谷底との比高は一メートル弱である。東谷戸遺跡での発掘調査は、一九九二年に実施された一地点のみである。縄文時代中期の遺構としては、加曽利E2式からE3式期の住居址二軒が検出されている。なお貝層は確認されていない。

このことから、中里貝塚と同時期の人びとの活動は、最初の段階としては崖端部付近で小規模な集落が営まれたことにはじまる。しかしその後は、東京低地を望む崖線側にかぎらず、西ケ原の台地上で広がりをみせ、さらには谷田川に面した斜面地にまでおよんでいた様子をみてとることができる。そして、加曽利E4式土器の時期から後期初頭の称名寺式土器の時期にいたっては、集落規模は縮小化の傾向をたどることとなる。

## 2　干し貝を消費した集落

### 異なる消費活動

こうした集落動向は、中里貝塚の形成と連動しているようにみえる。中里貝塚の至近にある集落域であることからしても、やはりそれらの集落に住まう人びとが、中里貝塚の形成に関与したとみるのが適当だろう。

なお、これらの集落内でも貝層は形成されているが、中里貝塚とは明らかに状況が異なっている。先にみたように、七社神社裏貝塚にせよ西ヶ原貝塚にせよ、貝層のサンプル採取による分析では、ヤマトシジミが多くを占めているという貝類組成がみられた（**図34参照**）。また台地上の貝塚では、貝類のほかに魚骨、鳥獣類骨も含まれるという点で同様の傾向がみられる。そして土器などの人工遺物が出土するのも、集落内に形成された貝塚の大きな特徴である。マガキ・ハマグリに特化し、鳥獣類骨は含まず、人工遺物も極端に少ない中里貝塚とは対照的な出土状況といえ、両者は明らかに区別されていたと考えられる。

中里貝塚で加工された貝類が近接する台地上の集落に持ち込まれ、消費されることもあったことだろう。台地上集落が集落規模の割には貝塚の形成が活発でないのも、そのことを反映したものと解釈できる。しかし、中里貝塚の貝殻の廃棄量を考えると、近くのムラだけでそれらの貝類を消費したとは思えない。近接する台地上集落の人びとが中里貝塚の形成に関与しながらも、集落内に残された小さな貝塚こそが、日々の暮らしにともなって残された姿であり、低地部に形成された中里貝塚については、それらの集落とは異なる消費活動にともなう貝塚であったとみるのが自然である。

## 遠くのムラ

では、中里貝塚で加工された貝の多くは、どこで生活する人びとによって消費されたのだろうか。

視野を広げ、武蔵野台地全体をみわたすと、そこには縄文時代中期の集落が密度濃く分布する様子がみられる（図42）。その分布は、武蔵野台地に刻まれる中小河川に沿うようにみられ、河川の源流に近い上流域や湧水点付近に規模の大きな集落遺跡が存在する。

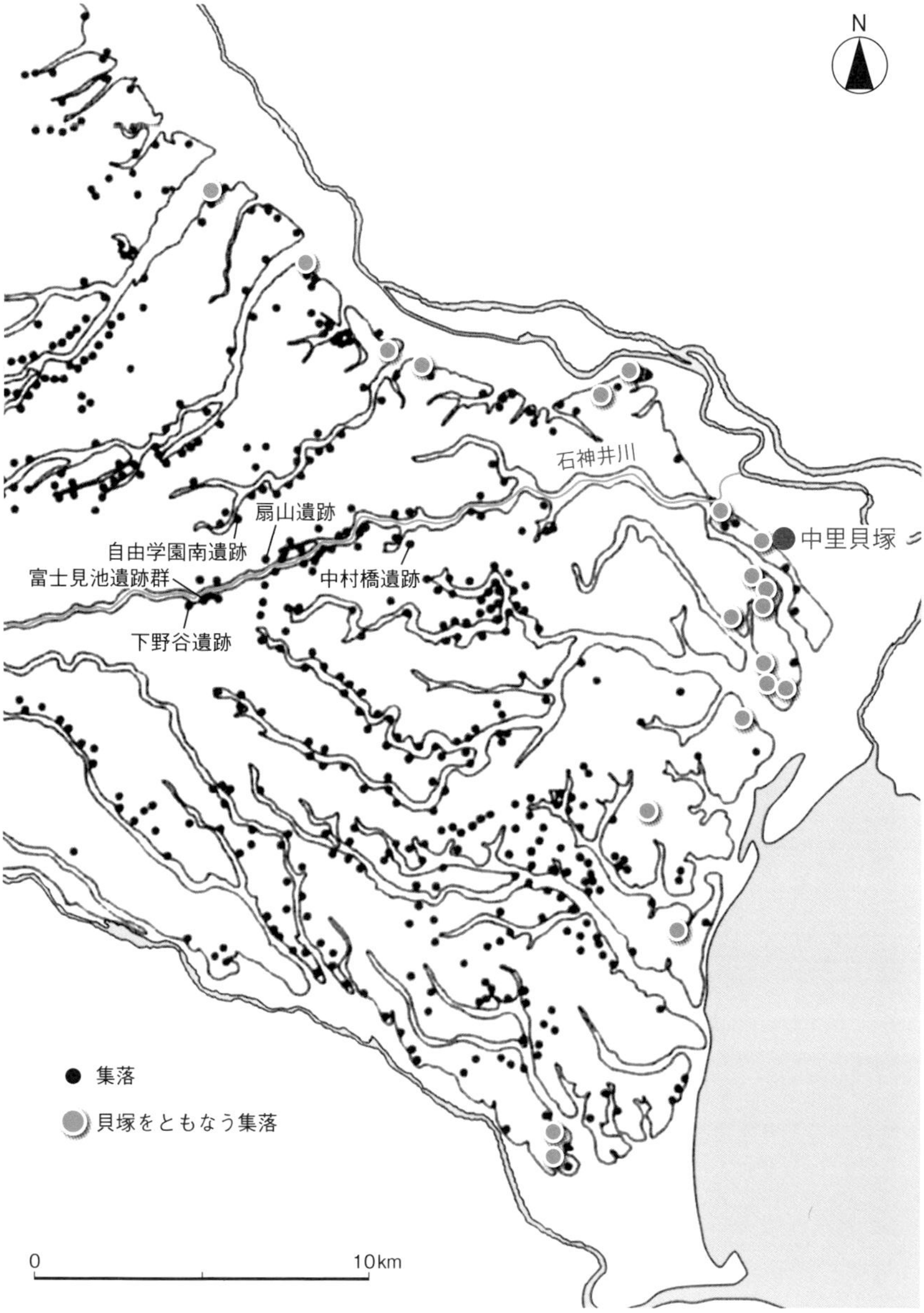


**図 42 ● 武蔵野台地とその周辺の主要遺跡分布**（縄文時代中期）
武蔵野台地では、いくつもの中小河川の流れが台地に谷を刻んでいる。縄文時代中期の集落は、こうした河川に沿うようにして、内陸部にまでおよぶ広範囲に展開する。

中里貝塚の至近に河口部をもつ河川としては石神井川がある。石神井川は東京都小平市鈴木町付近に流れを発し、武蔵野台地の中央部を東に流れ、北区王子付近で東京低地に流下し、隅田川へと流れを注ぐ。総延長約二五キロの一級河川である。

その上流域には縄文時代中期の大規模環状集落として知られる下野谷《したのや》遺跡（西東京市）がある。集落は谷をはさみ大きく二つに分かれ、西集落は直径一五〇メートル、東集落は東西に三〇〇メートル、南北に一八〇メートルの環状をしている（**図43**）。

二つの集落は、規模のちがいはあるが、検出された遺構と遺物から、構造や存続期間は等しく、「双環状集落」であったと考えられている。その形成時期は、中期初頭の五《ご》領《りょう》ヶ台《だい》式期から後期初頭の称名寺式期の約一〇〇〇年間におよぶとみられる。中期前半

**図43 ● 下野谷遺跡**（東集落）
約1000年にわたりつづいたとみられる環状集落。隣接する西集落とともに、拠点的な役割をはたしたムラであったようだ。遺構が著しく重複して出土している。

の勝坂1式期には環状集落の基本となる空間構成が形成され、その後、集落の規模や住居の分布域はやや変化しながらも、中期後半の加曽利E3式期を頂点に拡大したとみられる。そして、中期末の加曽利E4式期には縮小し、後期初頭の称名寺式期、つづく堀之内式期には、環状集落の構成も崩れ、消滅していく動きがみられる。

なお下野谷遺跡からは、関東地方で多く出土する土器のほか、甲信越地方に分布の中心がある曽利《そり》式土器も多数出土している（**図44**）。なかには折衷デザインの縄文土器も確認されている。また出土した石鏃などの石器石材も、分析の結果、神津島《こうづしま》や八ヶ岳といった遠隔地に産する黒曜石を使用していることがわかっている。下野谷遺跡は、広域に交流をおこなう、当地の中心的な集落であったといえよう。

石神井川流域には、下野谷遺跡のほかにも縄文時代中期の集落遺跡がある。下野谷遺跡の下流側には隣接して、富士見池遺跡群（練馬区）があり、ここでも縄文時代中期の住居

**図44●下野谷遺跡**（東集落）**の土器出土状況**
多数の土器が出土する姿は中里貝塚ではみられない光景だ。勝坂式土器（写真中央の文様がみえる土器）と加曽利E式土器がもっとも多く出土している。

跡が発見されている。富士見池は人工池であるが、もともとは石神井川の源泉のひとつとなる湧水点であり、下野谷遺跡と富士見池遺跡は、その湧水点をとりかこむように形成された集落遺跡とみられる。さらに下流側にあたる石神井川中流域にも、扇山遺跡や中村橋遺跡（ともに練馬区）など、多数の縄文時代中期の集落遺跡が分布する。

また水系は異なるものの、下野谷遺跡と直線距離にしてわずか四キロほどしか離れていない北に、同時期の大規模集落である自由学園南遺跡（東久留米市）があるといった具合に、武蔵野台地にはきわめて多くの集落が、中里貝塚の形成と併行する時期に展開している（図42）。

## 内陸部集落に運ばれた干し貝

これら武蔵野台地を流れる中小河川流域の

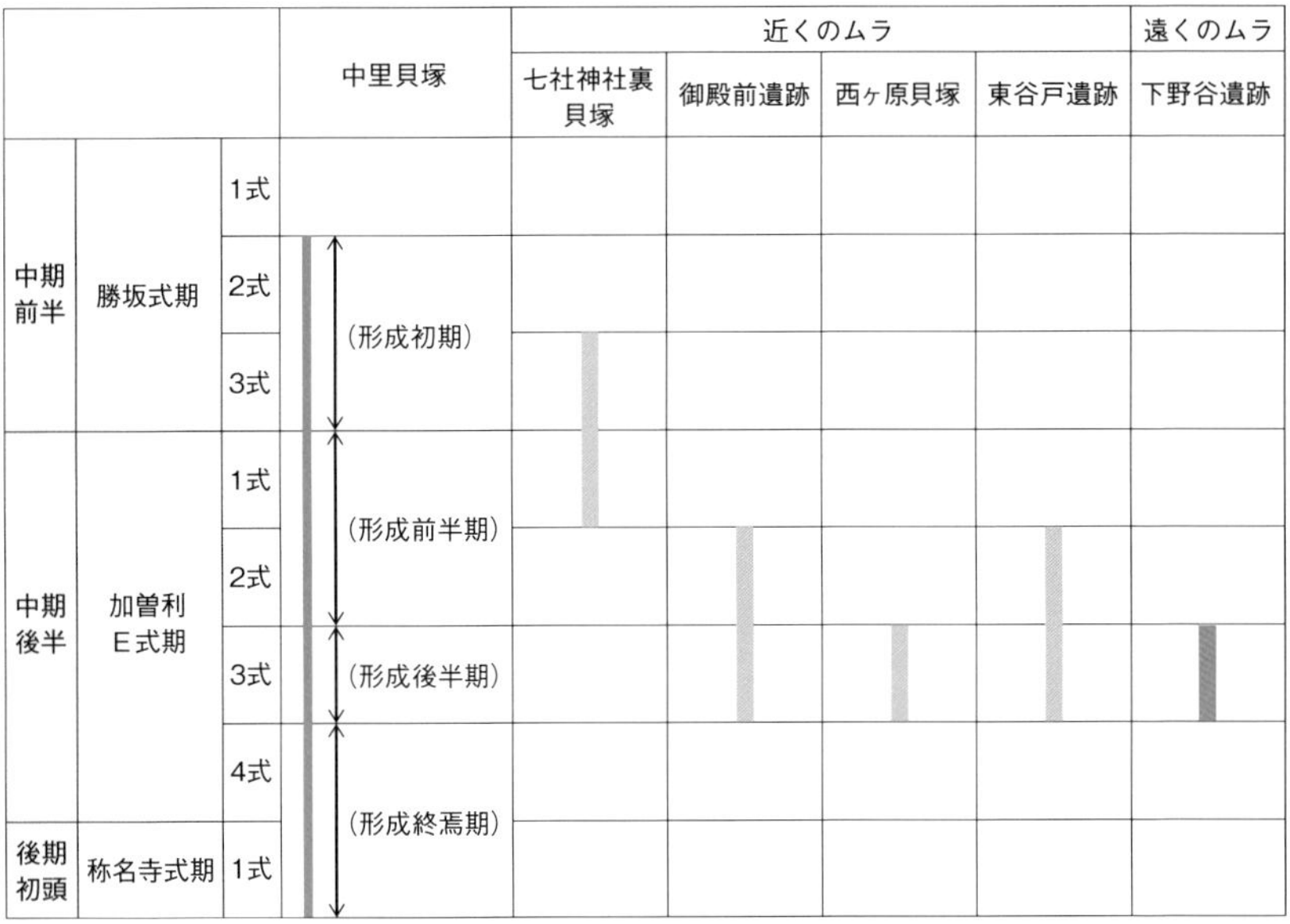


**図45 ● 中里貝塚と近くのムラ・遠くのムラ**
中里貝塚の形成と併行する時期に、それぞれのムラでまとまって住居址が検出された時期を示す。貝塚形成が盛んだった加曽利E3式期に集中する様子がみられる。

集落をつたうことで、中里貝塚は内陸部の多くの集落とつながりをもっていたのではないだろうか。

たとえば下野谷遺跡と中里貝塚とは直線距離にして一七～一八キロ離れていて、河川をさかのぼるとなると、移動にはそれなりの時間を要することだろう。だが、ここで思い出していただきたい。採取した貝類は干し貝に加工された公算が大きい。保存・運搬に適した干し貝は長距離の移動でも傷まない食材で、中里貝塚で加工された貝類が内陸部集落にまで持ち運ばれていたとしても不思議ではない。これら武蔵野台地に刻まれた河川流域の内陸部に多数営まれた集落遺跡群が、貝類消費の有力な候補となることは、多くの研究者の一致した見解でもある。

さて、武蔵野台地の内陸部集落で消費されたとして、中里貝塚周辺での採貝行為については、「貝塚付近の集団が貝を大量に採取し、内陸部に供給していた」と、「内陸部の多数の集団が、海までやって来て集中的に貝を採取し、持ち帰った」という二通りの解釈が可能だ。だが、先述したように、中里貝塚の特徴として、採取貝種の限定性や規格性の高さがあげられる。仮に不特定多数の集団が形成に関与していたのならば、このような現象は生まれにくいはずだ。このことをふまえると、後者より前者の妥当性が高いといえよう。

出土土器の型式によると、加曽利Ｅ３式期の西ケ原地域には、御殿前遺跡・西ヶ原貝塚・東谷戸遺跡が併存していたことがわかる。だがこれらの集落は、個々に採貝をおこなっていたのではないようだ。

ハマグリ・マガキの出土量の不自然なまでの少なさは、貝層が検出された御殿前遺跡・西ヶ原貝塚、いずれの集落にも共通する要素であった。それは採取した貝を、そのまま中里の浜辺で処理をし、貝肉のみを集落へ持ち帰ったためと考えられるもので、特殊な出土状況の類似は、採貝活動にいずれかの集落のみがかかわっていたのではないことを暗示する。中里貝塚の至近に位置する、これら西ケ原地域のムラは互いに協力し、採貝活動をおこなっていた様子が垣間みえる。

中里貝塚は、近くのムラに住む縄文人が統一的な意思のもとに、一定の規格にそった貝のみを採取・廃棄しつづけた結果として形成されたもので、加工された貝類は内陸部にある遠くのムラへと運ばれ、消費されたと考えられる。近くのムラと遠くのムラはいうなれば、干し貝の生産者と消費者の関係にあったのである。

## 3　中里貝塚にみる地域間ネットワーク

### 内陸部の集落動向と中里貝塚

ここで内陸部集落と中里貝塚の消長をもう一度くわしくみてみよう。

武蔵野台地上の集落形成の変遷は、勝坂式期の初期段階、加曽利E式期のピーク段階、加曽利E式期末の衰退段階に概括できる。この消長は、中里貝塚の展開とほぼ併行する。両者の動向は、干し貝の需要と供給の関係をふまえて考察するとつじつまがあうのである。

中里貝塚の形成初期（勝坂2式期～3式期／約五二〇〇～四九〇〇年前）は、マガキ主体の貝層が形成された時期だ。内陸部集落の人口増加に対応するべく、まずは海岸線に近い場所に生息するマガキが採取対象となり、これらが内陸部集落へ供給されはじめたとみられる。

その後の形成前半期（加曽利E1式期〜E2式期／約四九〇〇〜四七〇〇年前）になると、沖合側でもマガキ主体の貝層が形成される一方で、崖線側では大型ハマグリの投棄がはじまり、浜辺での活動が活発化する時期だ。このころ、内陸部の集落規模はいずれも急速に拡大する様子がみられる。マガキのみならず、沖合に棲むハマグリにまで採取対象、つまりは漁場を広げた背景には、このような内陸部集落の需要の急激な高まりがあったと考えられる。

そして形成後半期（加曽利E3式期／約四七〇〇〜四五〇〇年前）にはハマグリ・マガキ混合層あるいはハマグリ主体層が形成される。なかでも貝塚の広範囲に確認されたハマグリとマガキの互

図46 ● 縄文時代後期の武蔵野台地の主要遺跡分布
縄文時代中期には河川沿いに密度濃く分布していた集落が後期になると激減する。

層構造は、年間にこれらを主体とした二回の採貝活動がくり返しおこなわれた痕跡である。干し貝づくりに比重を置いた暮らしへの移行は、集落形成がピークを迎えた内陸部集落の、さらなる需要の増加に対応した動きだったのだろう。

貝塚の終焉期（加曽利E４式期〜称名寺1式期／約四五〇〇〜四四〇〇年前）になると、ふたたびマガキ主体の貝層形成へと戻るが、これは内陸部集落の衰退にともなう需要の低下を反映した動きとみられる。需要が低下し、漁場を縮小した結果、マガキを主とした採貝活動へと戻ったと解釈できる。そして、やがては中期の集落群の終焉とともに（図46）、中里貝塚もその役目を終え、終わりのときを迎えることとなった。

中里貝塚は、たんに豊かな海があったからできた貝塚ではない。海産物を欲する内陸部の巨大な需要があったからこそ、ここまで成長した貝塚だったのである。

## 何と交換したのか

では、干し貝を生産した集団が、干し貝提供の対価として得たものは何だったのだろうか。縄文時代で想起されるのは、集団間での等価交換行為だろう。それぞれの地域に特有の物資を交換することにより、暮らしの不足を補完したとするものだ。

縄文時代に広範囲を移動した交易財としては、石器石材、たとえば黒曜石がしばしば話題にあがる。西ケ原地域もけっして石器石材が潤沢な地域ではなく、需要は高かったことだろう。しかしながら、残念なことに、当地域の遺跡からは石器石材はもとより、ほかに突出した出土状況を示す遺物はなく、干し貝が何と交換されたかは不明だ。

消費されれば痕跡が残らない類のものだったのだろうか。樋泉岳二は、沿岸部の漁業集団と内陸部の狩猟・採集集団が地域的な分業体制を敷き、両者の間で食料物資を交換することにより、海陸の多様な資源環境を利用する広域的システムを構築していた可能性がある、と指摘している。

中里貝塚が形成された時期、武蔵野台地上の集落には、大量の打製石斧《だせいせきふ》（土掘具）を使用した生業が確立したとの見方がある。遺存体として検証されたものではないが、その対象物としては自然薯などの根茎類や葛、ユリの根などの地下茎類などが、今村啓爾や阿部芳郎によって想定されている。干し貝と交換された物資は、古くから指摘されるような毛皮や肉もさることながら、こういった根茎類・地下茎類といった類のものだったのかもしれない。

## ムラ貝塚とハマ貝塚

また、阿部芳郎は、台地上の集落にともなって形成された西ヶ原貝塚と中里貝塚のように、貝塚のちがいを概念化するために、「ムラ貝塚」と「ハマ貝塚」という類型区分をおこなっている。中里貝塚には、明治期以来、「本邦考古学ニハ最枢要ナル一介塚」「迷惑千万な貝塚」「貧乏貝塚」など、さまざまな呼称が用いられてきたが、この「ハマ貝塚」の用語は、いまや中里貝塚の新たな代名詞となりつつある。

ムラ貝塚とは、居住空間に付随して設けられた廃棄空間の一つとしての貝塚を指す。西ヶ原貝塚をはじめとする多くの貝塚がこれに相当する。食物残滓のほか、破損した土器や石器といった不要となった生活資材など多様な廃棄物から構成される。小規模な堆積物が累積した場合が多いとされる。一方でハマ貝塚とは、海浜部生態系（ハマ）の管理をおこない、その資源をムラとは異なる空間で加工した貝塚を示す。

ハマ貝塚は単独では存在しえない。その背景には、ハマの豊かな水産資源を求めた、ムラの人びとのくらしがあった。中里貝塚は、武蔵野台地に出現した、中小河川を仲介として形成された食料物資交換ネットワークの要に位置した貝塚といえよう。

## 縄文社会のなかの中里貝塚

中里貝塚が形成された縄文時代中期の東日本には落葉広葉樹林帯が広がり、定住性の高い地域社会が形成された。関東地方では、一千年もの継続期間を示す集落遺跡もめずらしくはない。定住的な社会は、資源の効率的活用と管理、貯蔵技術の発達を促す。中里貝塚が定住性の高い地域社会のなかで形成されたことは、東日本に特徴的に認められる縄文文化の地域的な特質を考えるうえできわめて重要である。

中里貝塚の貝種の選択性や計画的な資源管理、貝類の加工技術などは、いずれもこれらの定住社会における資源利用の特性を反映したものと考えることができる。中里貝塚は、東日本に展開した定住化社会の、高度な水産資源の利用形態を象徴的に示す貝塚なのである。

## 4　中里貝塚のこれから

一九九六年の大発見により貝塚のイメージを一新させた中里貝塚は、縄文時代の生産、社会的分業、社会の仕組みを考えるうえで重要な遺跡として、二〇〇〇年に国史跡に指定された。二〇一二年には隣接地が追加指定されている。

国史跡指定から二〇年あまりの時がすぎた。現在、四・五メートルにもおよぶ貝層や木枠付土坑がみつかり話題となったA地点は「上中里2丁目広場」になり、土坑とそれにつながる木道などがみつかったB地点および隣接するJ地点は「中里貝塚史跡広場」となって、住宅密集地にある数少ないオープンスペースとして、地域住民の憩いの場となっている。

北区教育委員会では、「マチナカで出会う縄文文化―史跡が拓く新たな未来―」をテーマに、今後、これらの史跡指定地の整備をおこなうことにしている。貝層剝ぎ取り標本や遺構の復元模型、貝層断面サインの展示などをとおして、現地における縄文空間の創出をはかっていく予定だ。ぜひ一度当地を訪れ、縄文の風を感じてもらえたら幸いである（図47）。

図47 ● 中里貝塚史跡広場
現在のB・J地点。広場内にたたずむ史跡標柱が遺跡の存在を伝える。

## 参考文献


阿部芳郎　二〇〇〇「縄文時代の生業と中里貝塚の形成」『中里貝塚』東京都北区教育委員会
阿部芳郎　二〇一四「中里貝塚の形成をめぐる生業活動と地域性―複合的生業構造と遺跡群の形成―」『ハマ貝塚と縄文社会―国史跡中里貝塚の実像を探る―』雄山閣
阿部芳郎編　二〇一四『ハマ貝塚と縄文社会―国史跡中里貝塚の実像を探る―』雄山閣
今村啓爾　一九九九『縄文の実像を求めて』吉川弘文館
亀田直美　二〇一九「「森の拠点集落」史跡下野谷遺跡とその保存・活用」『文化財の保護』五一　東京都教育委員会
小林謙一　二〇一七『縄紋時代の実年代―土器型式編年と炭素14年代―』同成社
佐藤傳蔵・鳥居龍蔵　一八九四「武蔵北豊島郡中里村貝塚取調報告」『東京人類学会雑誌』九‐九八、九九
佐藤傳蔵・鳥居龍蔵　一八九六「武藏國北豊島郡中里村貝塚取調報告」『東京人類学会雑誌』一一―一二一
白井光太郎　一八八六「中里村介塚」『人類学会報告』一―四
坪井正五郎　一八八六「東京近傍古跡指明図（第五版）」『東京人類学会報告』一―五
坪井正五郎　一八九一「小金井博士の貝塚人骨論を讀む」『東京人類学会雑誌』六―六一
樋泉岳二　一九九九「東京湾地域における完新世の海洋環境変遷と縄文貝塚形成史」『国立歴史民俗博物館研究報告』八一
東京都北区教育委員会　二〇〇〇『中里貝塚』
東京都北区教育委員会　二〇〇二『七社神社裏貝塚・西ヶ原貝塚Ⅲ・中里貝塚Ⅱ』
東京都北区教育委員会　二〇一八『史跡中里貝塚　総括報告書』
中島広顕　一九九七「中里貝塚の貝処理場とカキ養殖」『考古学ジャーナル』四二〇　ニュー・サイエンス社
山崎直方　一八九四「貝塚は何れの時代に造られしや」『東京人類学会雑誌』九―九六、九八
和島誠一　一九六〇「付3　中里貝塚の発掘」『千代田区史』上　千代田区



＊本書の執筆にあたっては、長年にわたり中里貝塚の調査研究にとり組んでこられた中島広顕氏をはじめとするみなさまから多くのご助言をいただきました。ここに記して感謝の意を表します。

## 上中里2丁目広場
## 中里貝塚史跡広場

・東京都北区上中里二丁目
・交通　JR東北本線尾久駅より徒歩5分、JR京浜東北線上中里駅より徒歩10分
中里貝塚A地点（上中里2丁目広場）、B・J地点（中里貝塚史跡広場）を地下保存している。

上中里２丁目広場

## 北区飛鳥山博物館

・東京都北区王子1－1－3（飛鳥山公園内）
・電話　03（3916）1133
・開館時間　10：00～17：00（観覧券の発行は16：30まで）
・休館日　月曜（祝休日の場合は開館、直後の平日に振替休館）、年末年始
・入館無料、常設展示観覧料　一般300円、65歳以上150円、小中高生100円

北区飛鳥山博物館

・交通　JR京浜東北線王子駅南口より徒歩5分、東京メトロ南北線西ケ原駅より徒歩7分、東京さくらトラム（都電荒川線）飛鳥山停留場より徒歩4分、都バス（草六四、王四〇系統）飛鳥山停留所より徒歩5分、Kバス（北区コミュニティバス）飛鳥山公園停留所より徒歩3分、飛鳥山公園に隣接して有料駐車場あり
北区のことが何でもわかる博物館。北区の歴史、文化、自然を14のテーマに分けて展示する。「縄文人のくらし」では、中里貝塚の貝層剝ぎ取り標本や中里遺跡出土の丸木舟のほか、西ケ原貝塚の貝層剝ぎ取り標本や出土人骨を展示。

「縄文人のくらし」展示室

# 遺跡には感動がある

――シリーズ「遺跡を学ぶ」刊行にあたって――

「遺跡には感動がある」。これが本企画のキーワードです。

あらためていうまでもなく、専門の研究者にとっては遺跡の発掘こそ考古学の基礎をなす基本的な手段です。また、はじめて考古学を学ぶ若い学生や一般の人びとにとって「遺跡は教室」です。

日本考古学では、もうかなり長期間にわたって、発掘・発見ブームが続いています。そして、毎年厖大な数の発掘調査報告書が、主として開発のための事前発掘を担当する埋蔵文化財行政機関や地方自治体などによって刊行されています。そこには専門研究者でさえ完全には把握できないほどの情報や記録が満ちあふれています。しかし、その遺跡の発掘によってどんな学問的成果が得られたのか、その遺跡やそこから出た文化財が古い時代の歴史を知るためにいかなる意義をもつのかなどといった点を、莫大な記述・記録の中から読みとることはなはだ困難です。ましてや、考古学に関心をもつ一般の社会人にとっては、刊行部数が少なく、数があっても高価なその報告書を手にすることすら、ほとんど困難といってよい状況です。

いま日本考古学は過多ともいえる資料と情報量の中で、考古学とはどんな学問か、また遺跡の発掘から何を求め、何を明らかにすべきかといった「哲学」と「指針」が必要な時期にいたっていると認識します。

本企画は「遺跡には感動がある」をキーワードとして、発掘の原点から考古学の本質を問い続ける試みとして、日本考古学が存続する限り、永く継続すべき企画と決意しています。いまや、考古学にすべての人びとの感動を引きつけることが、日本考古学の存立基盤を固めるために、欠かせない努力目標の一つです。必ずや研究者のみならず、多くの市民の共感をいただけるものと信じて疑いません。

二〇〇四年一月

戸沢充則

著者紹介

安武由利子（やすたけ・ゆりこ）

1982年、福岡県生まれ
東京学芸大学大学院教育学研究科修了
現在、北区飛鳥山博物館学芸員
さまざまなジャンルの展示会・講座などをおこなう一方、史跡中里貝塚の整備活用事業に携わる
主な著作 『史跡中里貝塚　総括報告書』（共著、東京都北区教育委員会、2018年）、『展示図録　奥東京湾の貝塚文化―中里貝塚とその時代―』（北区飛鳥山博物館、2010年）、「中里貝塚の発見」『ハマ貝塚と縄文社会―国史跡中里貝塚の実像を探る―』（雄山閣、2014年）、「海岸地形に形成された中里貝塚」『考古学ジャーナル』740（ニュー・サイエンス社、2020年）ほか

**写真提供（所蔵）**
図1・2・10下・11右下・15・16上・18・22・26・27・28上・29・30・32・33・35・36上・41・47：北区飛鳥山博物館／図43・44：西東京市教育委員会

**図版出典（一部改変）**
図3・13・28下：『北区飛鳥山博物館常設展示案内』／図4：国土地理院2万5千分の1地形図「東京西部・東京首部・赤羽・草加」／図5：国立国会図書館デジタルコレクション／図6：佐藤・鳥居1896／図8：坪井1886／図9・11上・14・16下・17・19・20・21・24・25・31・34・36下・37・38・39・40：東京都北区教育委員会2018／図10上：和島1960／図11左下：『文化財の保護』36号／図12：樋泉岳二2001「貝塚の時代　縄文の漁労文化」『日本人はるかな旅③　海が育てた森の王国』／図23：さかいひろこ氏／図42・46：阿部2014

上記以外は著者

シリーズ「遺跡を学ぶ」160

**東京に眠る巨大貝塚の謎　中里《なかざと》貝塚**

2023年 1月 10日　第1版第1刷発行

著　者＝安武由利子

発　行＝新 泉 社

東京都文京区湯島1－2－5　聖堂前ビル
TEL 03（5296）9620 ／ FAX 03（5296）9621
印刷／三秀舎　製本／榎本製本


ISBN978－4－7877－2140－2　C1021

新泉社

シリーズ「遺跡を学ぶ」

019
## 縄文の社会構造をのぞく　姥山貝塚
堀越正行　1500円+税

東京湾に面した千葉県・京葉地区は日本最大の貝塚地帯。その中心的遺跡・姥山貝塚は二〇世紀はじめから注目・研究され、縄文社会像の基準確立に貢献した遺跡である。研究の歴史を追うとともに、埋葬人骨等の考古学的検討により、縄文の家族や集団、社会構造をかいまみる。

031
## 日本考古学の原点　大森貝塚
加藤　緑　1500円+税

いまから一四五年前の明治一〇年六月、来日すぐのモースは汽車で横浜から東京に向かう途中、大森停車場をすぎたところで線路際に露出した貝塚を発見した。――こうして始まる日本最初の考古学的発掘と刊行された報告書の内容と特徴をわかりやすく解説する。

080
## 房総の縄文大貝塚　西広貝塚
忍澤成視　1500円+税

貝塚は縄文時代の生活を明らかにする宝庫。西広（さいひろ）貝塚では直径一五〇メートルの環状貝塚を全掘し、採集されたすべての貝層を丸洗いして、そこに含まれている遺物すべてを調べあげた。この前代未聞の作業から縄文人の暮らしぶりがありありとみえてくる。

113
## 縄文のタイムカプセル　鳥浜貝塚
田中祐二　1600円+税

名勝三方五湖の最奥、三方湖近くの鳥浜貝塚から、縄文時代の丸木舟や赤漆を塗った櫛、多彩な縄と編物、骨や角でつくった精巧な装飾品など有機質の遺物が豊富に出土した。その洗練された技術と色彩感覚は、縄文時代のイメージを一変させるのに大きな役割をはたした。

129
## 日本海側最大級の縄文貝塚　小竹貝塚
町田賢一　1600円+税

かつて放生津潟（ほうじょうづがた）とよばれていた富山湾を望む水田地帯、北陸新幹線建設工事で地下二メートルから巨大な貝塚が姿をあらわした。土器、石器、骨角器などの多彩な遺物とともにみつかった九〇体以上の人骨から六〇〇〇年前の縄文人の横顔と暮らしにせまる。